見えないからこそ見えた光

改訂増補版

絶望を希望に変える生き方

全盲のヨットマン
岩本光弘

YUSABUL

改訂増補版プロローグ
〜12000キロの太平洋横断をブラインドセーリング！

こんにちは。私はアメリカ西海岸サンディエゴ在住のブラインドセーラー、岩本光弘です。サンディエゴでは、「指針術」という鍼治療の技術で手技を行う治療院と、タフメンタルトレーナーとして皆さんに勇気と希望を持ってもらえるように、講演会でお話をさせていただいたり、ライフコーチとしてマンツーマンでよりよく生きるためのアドバイスをさせていただいています。

私は目が全く見えません。そんな私が2019年2月に世界初となるブラインドセーラーによる太平洋横断（アメリカ西海岸〜日本）にチャレンジしました。

もちろん1人だけではそんな偉業を達成することはできません。大海原を2ヶ月もの間航海するというとてもリスクが大きいこのチャレンジのために、協力者ダグラス・スミスと共に、夢の実現に向けて、日々、トレーニングに励んでいました。

彼は、普段から東京と京都をつなぐ東海道をラフティングと自転車で縦断するなど、とてもアクティブなライフスタイルを好んでいますが、ヨットは完全な初心者でした。

一方、私はと言えば２０１３年に初めての太平洋横断チャレンジをキャスターの辛坊治郎さんと挑み、遭難し、世間を騒がせ、多くの方々にご心配をおかけします。その時に遭難した海上で命を失いかけ、1度は心が折れそうになっていた私でしたが、それでも彼（ダグ）は、再び太平洋横断に挑戦したいという私の心意気に「感動した！」という理由だけで、サポートを買って出てくれたのです。

そんな2人が、２０１９年2月、サンディエゴ〜福島・小名浜までの１２０００キロを横断するチャレンジをし、無事に成功することができました。

「ブラインドセーリング」という言葉を聞いたことがない方は「目が見えないのに、どうやってヨットを操るんだ？」と疑問に思うでしょう。

まずは、ヨットに乗り込む前に、頭のなかで繰り返し空間をイメージして、すべての位置関係を把握します。私はこのことをよく「メンタルマップを作る」と言っていますが、最初は見えないので色々な物にぶつかりながら、物の位置関係を覚えていきます。頭のなかで1度メンタルマップを作ってしまえば、スムーズにヨット上を動き回ることができます。

頭だけではなく体で覚えているので、1度覚えてしまえば無駄なく的確に動けます。セール（帆）を上げるのも、私の仕事です。ヨットの上では赤い紐と青い紐を扱っていますが、私には見えませんので、紐の太さの違いを手で判断します。

こうして、目の見えるダグとの連携プレイでヨットを操るのが、ブラインドセーリングです。

太陽の温かさが頬にあたる角度、風はどこから吹いてきているか、セールのパタパタする音の強弱、両足の下でのヨットの傾きを感じながら、全身の感覚を使って舵を取っていきます。

私は、車を運転したことがありません。しかし、この広大な海は、大きな心で私の舵を受け入れてくれます。

２０１９年2月からのプロジェクトはアメリカ・サンディエゴを出港し、およそ１２０００キロの距離をノンストップで、60日程かけて横断するというものです。ヨットに乗るのは全盲の私とヨット初心者のダグのみ。

しかし、これまで視覚障がい者セーリング世界選手で２００６年に日本代表を務め、２０１５年には西海岸南カリフォルニアのニューポートビーチからメキシコのエンセナダまでの外洋レースなどを複数回経験したことのある私と、目が見える健康体そのもののアクティブでポジティブなダグとが力を合わせれば、必ずや実現できると信じていました。


この本では、そんな私というブラインドセーラーが、太平洋横断という過酷で無謀にすら感じる大きなチャレンジに至った背景や軌跡、思いを私の人生をなぞりながら書きつづり、また改訂増補版でこの再チャレンジに成功し、経験した今の私が思うこと、感じることを加筆させていただきました。

この本を手にされた方の夢の実現に一歩でも近付くお手伝いができたら、こんなにうれしいことはありません。

〈航海スケジュール〉
２０１９年2月24日　サンディエゴ出発
～約60日間の航海
２０１９年４月20日　福島県・小名浜港着
世界初の全盲者による太平洋横断に成功

目の見えない私が……
なぜ太平洋横断という
大きなチャレンジをしたのか。

目次

第一章 ライフ・ミッション

大きな壁の乗り越え方

私は母に、「俺は目くらじゃねえ。こんな杖なんか持てるか！　何で俺を生んだんだ！」と白杖を投げつけたことがあります。私が家の階段を使う際に段を踏み外して転んだのを見た母が、「そろそろ白杖を使いなさい」と言った時のことです。

自分が情けなくて情けなくて、涙が止まらなかったことを、今でも鮮明に覚えています。それでも自分が全盲の視覚障がい者であることを受け入れることができませんでした。

私は１９６６年熊本県天草で生まれました。今は全盲の私ですが、生まれた頃は弱視でした。親戚、家族をみても弱視は私１人。遺伝的なものではありませんでした。

実家から盲学校まで車で3時間かかることもあり、私は小学校から鍼灸の専門学校までの15年間、寮生活を送りました。今でもツクツクボウシが鳴く時期になると夏休みが終わって、寮に戻らなくてはいけないという、あの頃の寂しくて苦い思い出が蘇ります。

それに、小学生の頃はよく叱られていたので、学校に戻るのが恐怖でした。きっと悪ガキだったのでしょう。月の日数はなぜ全部30日にしないのか、時間もなんで10を基準にしないで12なのかなど……納得しないと「はい」と言えない子どもでしたから、私の質問や疑問に先生たちもやきもきしていたんだと思います。

13歳の頃、弱視だった私は視力を失い始めました。少しずつ、視力を失っていくのはとても辛いものでした。

学校では、黒板の消し残しを指摘されたり、理科の実験で弱視の人が見てどうなっているのかを全盲の人に伝える……、それもできなくなりました。盲学校の社会のなかには弱視が上で全盲が下だという暗黙の空気があります。自分は底辺層の人間になってしまったと思いました。今思えばそんなことで、失くすものなど何もないのに……。

長期休みで実家に帰ると、自転車を漕いでいる時に車や木にぶつかり始めました。

友人たちと野球をしている時もボールがよく見えず、守ってはトンネルをし、バッターボックスに立てば三振ばかり。

「なんでボールがキャッチできないんだ⁉　相手のチームを勝たせたいのか」

とチームメイトや周りの友人に責められたり、からかわれました。

それでも、私は自分が視覚を失い始めていることを周りに言えませんでした。言いたくなかったのです。やはり普通の人とは違うんだというショックは大きかった。思春期に入ろうとしていた私にとっては、それはとても屈辱的なことでした。

そんな私を、家族はただただ見守ってくれていました。

『何もかもうまくいかない』

その時の私はそう思っていました。思い返せば、私が初めて大きな壁にぶつかった時期でもありました。

人生には、山もあれば谷もあります。私はトライアスロンをしますが、そのなかで苦しいと思う時間があっても、その後必ず気持ちいい瞬間がやって来ます。それが、5日だったり、5カ月だったり、5年だったり…と事柄や人によって違うでしょう。でもまた次が来ます。苦しい時にはそれがずっと続くと思いがちです。しかし、踏ん張っていると楽になる時が必ず来るのです。

講演会で私はよく、握りこぶしを作って両手を空に突き上げろと話します。左のこぶしが過去の人生でよかった時、今は首の位置で辛い時かもしれない。でも右のこぶしを見れば、未来にはまた上に上がっているこぶしがあります。つまり、人生は下がってもまた上がるのです。そう思うと不思議と元気が出てきます。

人生は山あり谷あり。
今は苦しくても辛くても
楽になる時が必ず来る。

意味のない人生はない

16歳の頃に、私は全盲となりました。精神的にかなり落ち込みました。部屋で塞ぎ込み、外に1人で出かけることもなくなりました。車に轢かれるのではないかという恐怖感もあったのです。毎日ことあるごとに感じる、小さな恐怖と不安で押し潰されそうでした。

ある時、歯磨き粉を歯ブラシではなく手に付けてしまいました。些細なことでした。その時、私は毎日…一生…何をするにも他人の助けを借りて生きなければならないんだ、と絶望的な気持ちになりました。他人から必要とされることはもうない、他人の役に立つことはもうないんだと。こんな人生は堪えられないし、未来が見えない――もう生きたくないと思いました。

自分の生きている意味とは何か？　役に立たないどころか人の迷惑にしかならない人生

だったら、死んだほうがいいとさえ思い始めたのです。

16歳の夏、私のお気に入りの海岸が見渡せる橋から、海に飛び込んで自殺しようと決心しました。そして、バスに乗って家から離れたその場所に向かいました。靴を脱いで欄干に手を置き乗り越えようとしましたが、どうしても飛び降りることができません。後でもう1度試そうと思い、ひとまず近くの公園に行ったら、いつの間にか眠ってしまっていました。公園で眠っている時、その5年前に亡くなっていた伯父が私に語りかけてきました。

その伯父はいつも私を気にかけ、自分の子どものように可愛がってくれていました。人望もあり、利他の心を持つ伯父は私にとっては憧れでした。

『お前の目が見えなくなったのには意味がある。

お前がポジティブに生きる姿を見せることで、見えていても何のために生きているのかわからなくなっている人たちに、勇気と希望を与えるんだ。

きっと彼らはお前から、目が見えない人から、何か希望を見る。

だから自分の命を断とうとするな。逃げるな。

目が見えないことにも意味があるんだ。

周りの人々を励ますために、勇気を与えるために
『人生の意味を失っている人たちに勇気と希望を与える』というミッションがある……

そうか……そうなんだとは思いました。状況や精神的苦痛が180度変わったわけではありません。ただ少なくとも『死んではいけない』と思い、家に帰りました。

それでも、家に帰ればやはり一緒です。物にぶつかる、つまずく…うまくできない葛藤やもどかしさはしばらく続きました。

しかし、そのうちに少しずつやれないと思っていたことがやれるようになると、私の気持ちも徐々に前を向くようになっていきました。ちなみに、今では食事や掃除をはじめとする日常生活において必要なことは、大抵1人でできます。

見えないという環境は変えられないが、心の持ち方を変えることで幸せになれるということを少しだけ理解することができたのです。そして、様々なことにチャレンジするようになっていったのです。

現在、色々な問題を抱えた不登校の子どもたちやニートの人たちが多くなっています。

彼らのなかには、目が見えなくなって絶望の淵にいた頃の私が感じていたことと同じようなことを感じている人が、きっといるでしょう。

周りの環境のせいにするのではなく、たとえ環境が変えられなくても、自分の見方を、心の持ち方を変えるだけで希望が見えてきます。そうして、少しずつ積極的に「生きて」みることで人生は素晴らしいものになっていくと私は信じています。

環境のせいにするのではなく
心の持ち方を変えるだけで
人生は素晴らしいものになっていく。

誰にでもある潜在的な能力

見えなくなった当初は、見える人と同じように俺は何でもできるのだということを周りに見せたくて、すべての手助けを断っていました。

「どうぞお座りください」と言われると、『見えないからって立ってられないわけじゃない』と思っていたり、歩いていて「手を貸しましょうか」と言われても「いや大丈夫です」と返事をしていました。見えないからといって、1人で歩けないと思われているのではないかと苛立ちさえ感じていました。そのイライラ感から、『俺だってこんなに早く歩けるんだ！』と人に見せたいばかりに、それまで以上に早歩きで歩いたりして。

しかしそう思ってはいても、誰かに見られているのではと緊張していることもあり、勘が鈍って電柱にガ――――ンと、目が見えない私でも火花を見るほどの衝撃でぶつかり、額から出血しながら、うずくまったことが何度かありました（笑）。

そんな時期を過ぎ、次第に自分の障がいを受容することができるようになっていきました。そして、ようやく他人からの援助を受け入れられるようになったのです。

その頃考えたのが、私を助けてくれた人たちが、『あー、いいことをしたな』と思えるのであれば素晴らしいことではないか。見えないという私の存在意義のひとつはそこにあるのではないか、ということでした。

私を見てもらうことによって、皆さんだって潜在的な能力を持っているということに気づいてほしい。自分自身ではなく相手のために……などと言うとよく「そんなの話がきれい過ぎるよ」と言われますが、私は本気でそう思っています。

それは『他人に幸福感を与えるきっかけを提供している人としての自分』を受け入れるようになった瞬間でもあります。

全盲であることに絶望していた私を少しずつそして大きく変えていった、自分という存在への見方の変化でした。

そのような見方ができるようになって、私は救われたのです。

見方を変えて、感謝と共に
自分にも潜在的な能力があることに
気づいていく。

当たり前が当たり前でない毎日と障がいの意味

私たち障がい者はおそらく健常者の方々よりも生きていることに対して、とてもつづまやかです。なぜなら、当たり前が当たり前ではない部分があるからです。私であれば、朝起きて鳥のさえずりが聞こえる、この類に当たる太陽の温かみが素晴らしい、と思うのは光が見えない私が、朝の晴れた日を感じるための大事な要素です。感謝せずにはいられません。

私は「感謝」の反対語は不平や不満ではなく、「当たり前であること」だと思っています。「当たり前」にあらゆるものが存在するということはとても怖いことです。その「当たり前」は決して「当たり前」ではないということに気づく、それが非常に大切なことなのです。

最初からネガティブなものに感謝するなんていうのは難しいでしょう。しかし、まず当たり前を感謝に変えていくことによって、ネガティブなこともじわじわと感謝に変えられるようになります。

私はよく新宿や渋谷を歩いていると、「ちょっといいですか？　5分、祈らせてください。目が見えるようになるかもしれませんから」と言われますが、私は決まって「そうですか、見えるようになるのであれば、祈らないでください。目が見えるようになると困るのです。私には人々の心を励ましていくためにブラインドでいることが必要なのです。それに私は素晴らしい人生を送っていますから！」と答えます。

相手もこんな障がい者ははじめてと言わんばかりの空気で立ち去っていきます。ですが、今私はそのくらい自分の障がいに対するこの「世界」、この「人生」は見えないからこそかけがえのないものであり、生きる価値があると感じています。そして、そのことによって人を助けることができるのだと心から思っています。ですから、手術で目が見えるようになりますよとか、機械で見えるようになりますよと言われても、私はその手術を受けません。「そんなのきれい事だ」という人もいます。それでも、私は100％受けないでしょう。

こっちぶつかりあっちぶつかりしながら、そんな人生にも意味があります。もちろん、ガン！とぶつかった瞬間は、見えたらな……、なんでこんなにぶつかるんだ、と自分が情けなくなることもあります。

けれども、それがしばらく経つと振り子が戻るように、フッと「これでいいんだ、これをＳＮＳに投稿して『あー、この人それでも生きてるんだ』というところで、誰かの元気づけになるのであれば、この痛みも良しとしよう」と思えます。私の目が見えていたら、同じような形で人々を励ますことはできなかったでしょう。

これから死ぬまで目が見えないという状態が私の使命なのだと考えています。

「感謝」の反対語は「当たり前」

当たり前が当たり前ではないことに気づく。

それが大切。

チャレンジに多少の怪我や痛みは付き物

私には高校時代に大いに影響を受け、尊敬している2人の先生との出会いがありました。1人は桜井先生といい物理の先生で、アマチュア無線を私に勧め教えてくださった先生です。「閉ざされた盲学校のなかで止まっていてはダメだ、無線を通して社会を、外の世界を知れ」とよく言っていました。

もう1人が森田先生という英語の先生であり、私の高校1年から2年生までの担任の先生でもあります。

高校1年の頃には視力をほぼ失い、何もかもが嫌になっていた時期です。ただ周りに流され、やりたいこともなく無気力で、友人や先生がかけてくれた言葉も響かない状態でした。そんな私を先生方は見ていたのでしょう。

自殺しようとした後の公園で、伯父の言葉を受けてからは『どうにかしなくては』と自分なりに考えていた時期でもありました。ちょうどそんな時に桜井先生に誘われ、アマチュア無線をやり始めたのです。

はじめはVHFという超短波で1~10メートルほどしか離れていない近くの人と会話をし、慣れてきてからはHFという短波に挑戦しました。これだと外国からの声が聞こえてきます。それで、今度は英会話を勉強したいと思い始めました。担任だった森田先生がYMCAの英会話スクールに通っているのを知っていました。毎週土曜日には普段の授業とは違う内容で、英字新聞から星座の占いを持ってきて読んでくれたり、授業もとても面白かったので森田先生に英会話スクールに通えるよう頼みました。

アマチュア無線では屋上に大掛かりなアンテナを作りました。オーストラリアやマレーシアとつながった時のあの感動は今でも忘れません。放課後、下校時間になっても夢中になってやっている私たちに、桜井先生は「まだいいよ、いいよ」と私たちの好奇心を十分に受け入れてくれました。

英会話に通い始める時にも、2人の先生は私の背中を押してくれました。というのも、寮の門限は夕方5時でしたから、YMCAに行って帰ってくると門限を過ぎてしまいます。

それでは駄目だと、はじめは寮母さんもなかなか了承してくれませんでした。それを先生2人に伝えると、「お前が本当にやりたいのなら、寮母と喧嘩して来い」と言われました。私は、「ルールだから」の一点張りの寮母さんを根気強く説得しました。自分は遊びに行くわけではない、自分の学習の権利を放棄しろということか、どうして受け入れられないのか……。

おそらく食事の時間や他の生徒の手前、そう簡単に規則を変えることはできなかったのでしょう。ですが、私も頑固ですから、『やりたい』しかも『それは間違っていない』と思っているので、途中で曲げる風もありません。結局、寮母さんが折れて、YMCAの英会話スクールに通えることになりました。その後、私も、私も、と行きたいという仲間たちが出てきて英会話に通う子は増え、なかには短大の英文科に進学した仲間もいました。この一件で彼らの人生が大きく変わったことは間違いありません。

この時、自分が思うことができるようになって、やっぱりうれしかったのを覚えています。視覚障がいの社会は、一般社会とは常に壁で隔てられた閉鎖的な社会であるというのが当たり前だとみんなが思っていました。それでもぶつかったらぶつかったなりに社会が開けていくわけです。その爽快感というのは格別でした。

アマチュア無線も英会話も私だけではなく、盲学校をも開かれたものにしていきました。文化祭では、アマチュア無線で出したブースに仲間になった人たちや英会話スクールの友だちが遊びに来たりして、外からのゲストが増えていく。彼らにしてみても盲学校は閉ざされた場所でしたから、驚きの連続です。当時、私は校内でバンドも組んで活動していたので、目が見えないのに楽器を演奏しているのがすごい！ と言ってくれていたのを覚えています。

そういった交流が、障がい者理解につながり、社会にとってもそのきっかけになります。理解できていないというのはどちらかが悪いわけではなく、それまで一緒にやるという接点がなかっただけです。そういう意味でもバリアを破った感がありました。それこそ壁をぶち破って新たな世界へ——それは相手にもその機会を与えることができたということでもあります。

私はよく「壁は押しつぶされるためにあるわけではなく、ぶち破るためにあるんだ」と講演会でもお話しさせていただきますが、何度も絶望を感じた経験上、内に籠るとネガティブなものに自分が潰されてしまうような感覚になります。ですが、多少の怪我や痛みはあるかもしれませんが、それを破って外に出れば世界は広がるし、自分の枠も広がります。

当時、盲学校は保守的で閉ざされた世界でした。教師も生徒も親も、それが当たり前だと思っていたし、その体制に疑問すら持たず、社会に対してはどこかあきらめに近いような感覚があったのかもしれません。

そのような状況を変えたいと思い、私は高校3年生の頃には生徒会長をしていました。当初は「無理して頑張る必要ないでしょう」というドリームキラー的な反対意見、保守派の生徒たちが多かったのですが、次第に私のような思ったことを積極的にやる人間に付いて一緒に行動してくれるようになった人や、行動はできないけど応援はしてくれる人が全体の7、8割に達しました。

太平洋横断の再チャレンジに対しては反対意見もあり、いまだにやめようかとさえ思う時があります。そんな時に支えてくれるのはやはりドリームサポーターの存在です。彼らとの絆を大切にしていれば自ずと乗り越えられる。はじめはドリームキラーだった人がドリームサポーターになってくれることだってあります。

こうやって思い返すと、周りの先生や友人に支えられて、私はやりたいことをやっていたし、やらせてもらえていたんだなぁとしみじみ思います。

壁は押しつぶされるために
あるのではなく
ぶち破るためにある。

欠点がプラスになる仕事

高校卒業後、私は同じ盲学校の敷地内にある専門学校の鍼灸科に進みました。私は英会話が好きだったので英語の先生になりたいとか、パソコンのソフトウェアの関係やアマチュア無線の知識を活かして船の無線通信士などになりたいと思ったりしましたが、最終的にやはり見えないことがプラスになる仕事はこれだと思いました。

高校時代に柔道をやっていて、怪我をすると鍼灸の先生に治療してもらっていましたし、実際患者さんを治していく姿に、やっぱりこれが自分のUSP（売り）、見えないことでのUSPだと感じました。そこでの勉強は専門的ゆえにそれなりに大変でしたが、実技や臨床の授業では患者さんと触れ合うことができたので、それが楽しみでした。

鍼灸科では、アマチュア無線や英会話に加えて、体育の先生に声をかけてもらって陸上競技を始め、全盲の三段跳びでは先生の言葉に踊らされて国体にまで出場し、当時の日本記録も作りました。この頃には元来の性分で、やりたいことを積極的にやっていましたから、失明して落ち込んでいた頃の私を知っていた家族をはじめ先生や友人たちは、安心したことだろうと思います。

ですが、盲学校の高等学校から鍼灸科へは全員が行くわけではありません。手術や医学の発達により視力を改善させて普通の学校へ進学する子もいます。なかにはやはり精神的にバランスを崩し実家に戻る子もいます。盲学校のなかで弱視は「見える人」であり、みんなからも頼りにされます。しかし、一歩社会へ出ると「見えない人」と言われてしまう。葛藤があるでしょう。盲学校という守られた環境にいると外の世界は恐怖であり、不安でしかない。

私のように「一般の社会の人たちと同じように自分たちもやろう！」という生徒もいれば、目が見えないなら見えないなりにこのまま安全な世界のなかで生きていけばいいじゃないか、というような意見も当然あります。それは理解していましたが、私は安全の外に出て自分を試したかったのです。

鍼灸科の2年生の頃に、この仕事はやはり見えない人に合っている、触覚の強さを活かせるすごくよい仕事だと思い、自分だけではなくこの技術を同じような視覚障がい者に教えたいと思い始めました。職業自立というのを手助けしたい、手から手へ教えてあげたいと思ったのです。盲学校の鍼灸科の教員になるためには、筑波大学の理療科教員養成施設鍼灸科の教員養成課程へ進学しなければなりません（※公立の教育機関において）。私は、進学のため上京することにしました。

免許を取ったのだから地元で開業したらいい、東京は危ない、と親や遠い親戚のおばあちゃんにまで心配されました。それでも、私は教員になりたいという夢に向けて、単身上京したのです。

私は目が見えないことが
プラスになる仕事を選びました。
あなたのUSPは何ですか？
誰にでもそれは与えられています。

困難に立ち向かうためには

地方出身者が東京に出てきてまず思うことは、皆さん同じではないでしょうか。そう！人の多さです。特に私のような視覚障がい者にとって人が多いというのは、想像以上に困難を極めます。駅を歩くだけでぶつかり、ぶつかるたびにすみません、すみませんと謝っていました。

それを見ていた仲間が「ぶつかってすみませんと言っていたら、キリがないよ」と私に言いました。ぶつかるより何よりその一言に衝撃を受け、やっぱり天草とは違うんだな…と戸惑いました。

そして、上京早々に障がい者にとっての現実はそう甘くないと思い知ります。家を借りようと不動産屋に行けば、「目が見えない人は火事にしたらいけないから貸せません」と随分断られました。私は体を動かすことも好きなのでよく公共のスポーツジムに行っていたのですが、あるスポーツクラブに入会しようとしたら、障がいのある方とは契約できないと連絡が来たのです。本部にまで連絡しましたが、結局、責任が取れないので、と断られてしまいました。

それまで盲学校にいた私は差別を受けるようなことも、それによってネガティブになるようなこともほとんどありませんでした。今にして思えば、それは母が泣く泣く、私を早い時分から盲学校に入学させてくれた、その判断が良かったのだと思います。まだ自我が発達していない子どもの頃に差別を感じるようなことが度重なれば、あるいは私も心がくじけていたかもしれません。

皆さんは、おやかく（親確）という言葉を聞いたことがありますか？

「上履き持った？」「体操着持った？」「鉛筆は……？」と親が小学生の子どもに確認することではありません。就職試験で内定をもらった大学生の親に対して会社側がアプローチして確認、同意を求めることです。社長自らが親に会い、会社のことを説明しに行ったり、親子のためのパーティーを主催する会社もあるようです。

このことをどうやら「おやかく」と縮めて言うらしいのです。内定をもらったにも関わらず、10％の大学生が親に反対されたので内定を取り消してくださいと言ってくるとのデータがあると知り、自分の人生は自分で決められることを推奨しているライフコーチとしてはショックを受けました。

自分の将来に対して大事な決断をできない大学生が、こんなにもいるのかと驚きました。自分から進んで決断した時と誰かに勧められて決断した時とでは、困難にぶつかった時の、それを乗り越える力に差が出ます。

つまり、自分で決断した時には何としても困難に立ち向かおうと努力できますが、人に勧められて決断した場合、簡単にあきらめてしまう傾向にあるのです。人の言いなりで行動し、うまく行かなければその人たちのせいにし、恨み憎しむ。これらを繰り返して時間を過ごす人生など面白くありません。

自ら決断をし、自分の決断に対して責任をもって毎日を過ごしていく人生のほうが楽しく、生き甲斐があると思います。

自分の人生です。自分自身で決断して、自分自身が主役の幸福な人生を掴む。

そんな生き生きとした物語を私は作っていきたいし、皆さんにも作っていただきたいのです。

積極的に、能動的に
自分の決断に対して責任を持つほうが
楽しく、生き甲斐がある。

第二章 視野を広げるには？

障がい者に必要な本当のサポートとは?

筑波大学の理療科教員養成施設というのは2年制なのですが、私は1年終わったところで2年間休学をしてアメリカのサンフランシスコ州立大学に留学しました。養成施設での先輩から『ダスキン障害者リーダー育成海外研修派遣事業』という奨学金制度があると聞き、だったら受けてみようと。期間は1年ちょっとでした。

留学当初は、あらゆるものにカルチャーショックを受けていました。現地では英語の学校に通いつつ視覚障がい者教育についての講義を取っていました。

日本では視覚障がい者は盲学校に、という観念がありますが、当時からアメリカでは統合教育(インクルーシブ教育)といって、一般の学校に視覚障がい者を入れるのが当たり前でした。元々、1960年代の公民権運動から女性運動、そして障がい者運動の流れのなかで、「障がい者も一緒に」「すべての人がすべてのことを当たり前にすべきだ」ということで視覚障がい者もどんどん一般の学校に入学させるようになったのです。

しかし、現実にはサポートが追いつかず、点字を教える先生が学校にいないため点字も覚えられない、白杖を持って歩ける人もいない状態でした。ただ健常な生徒と一緒に学校にいて、自信を失くして、仕事もできないような人間になってしまうだけ。1970年代から80年代はそういった障がい者が多くいました。その対策として、どういった統合教育の理想センターを作り、どんなニーズがあるのか、それを学校に適用させるためにはどうしたらいいのかが、深く議論されるようになっていました。

ですが、点訳者や特殊教育の教師の資格を作って、各学校区域に送って、白杖の使い方や点字を覚えさせるといった教育を始めたのは1980年代前後になってからです。そのブランクの時期の視覚障がい者はある意味被害者でしかありません。

今でもアメリカでは、視覚障がい者は一般の学校に通うのが普通です。やはり日本とアメリカでは障がい者、特に視覚障がい者に対する社会のあり方はずいぶん違います。今では日本の盲学校を中心とした特殊教育というのはそれがプラスに働いていることも大いにあると考えています。ですが、当時の私は統合教育に憧れていたし、アメリカの教育は進んでいるという先入観もありました。

目が見えないからできないのではなく、その人が何をやりたいと思っているのかそれが大事で、それを実現するためにはどうしたらいいのかという研究が、アメリカではすでに成されていました。それを私はただただ、『すごいな』と思っていました。

しかし、統合教育、統合教育と声高に主張していても、サポートの必要な部分が全くサポートされていないというところが現実にありました。自信どころか逆に精神的なショックを受けてしまうという悪い例も。点字の本もなく、一般の学校に入れさえすればそれでいいというようなところがあります。もちろん成功例として、積極的に学校で発言し、社会のなかに溶け込んでうまくやっている子もいます。だから今は、どちらがいいかというよりも、日本は日本としての盲学校教育というのを大事にしつつ、外に出たいという子がいればサポートをしっかりしながら、やりたいことを尊重してあげられるような態勢を作っていければよいなと思ってます。

もうひとつ、日本とアメリカの大きな違いは、アメリカは「自己責任の国」であることです。やりたいことはやらせてもらえます。だけれども、事故になっても知らないよ、ということです。ですから、アメリカで妻とスキーに行くと、必ず一筆サインをさせられます。それは目が見える人も同じですが、あなたは見えないからやれませんよとは決して言いません。訴訟の国でもあり、個人の意志や権利を尊重する国だからです。ですからもっと言えば、見えないからといって見える人を傷つけても訴えられます。そこまで理解したうえで、やるかやらないか判断してくださいということです。

前回の太平洋横断チャレンジを通して、改めて私が乗る船上は理想的な統合社会であることに気づきました。私が第六感でクジラだと感じなければ、気づくのが遅れ2人して海に沈んでいた可能性もあります。ですが、私が混んでいる湾のなかで操船するというのは難しい。お互い限界があります。だけれども、補い合いながらであれば、やって行けます。

それと、セーリングがインクルーシブだと感じる理由は、障がい者だからといって甘いことは言ってられないところです。台風は誰にでも襲ってきます。自然は相手を見て手加減してくれません。そういった意味でも、障がい者である私がチャレンジするというのは面白いのではないかと思います。

アメリカ留学の経験は、私に様々な刺激ときっかけを与えてくれました。私がこれからチャレンジしようとしている太平洋横断につながる、重要な布石だったような気がします。

自然は相手を見て手加減しない。
お互い補い合いながらやっていく
船上は理想的な統合社会。

命の危険と隣り合わせの日常

留学直前にサンフランシスコの大地震があったので、実家の家族、特に母はそんなところに行く必要はないと反対していました。それでも、私はやりたいことはやりたい、どこにいても死ぬ時は死ぬんだと言って留学した経緯があります。どんな大きなことも私を止める理由にはならない、そう強く思っていました。

とはいえ、やはり緊張感のある生活、英語、食事……同じような日本の留学生とは付き合わない、やすきには流れないというスタンスで留学していたので、ホームシックにかかりました。最初の約3カ月間は永久にこのストレスが続くのかという不安に駆られ、何で来たのだろうとさえ思いました。日本に電話するかジャパンタウンに行って日本食を食べるのがせいぜいの楽しみでした。

私がいた寮にはアジア圏からの留学生も多く、彼らには親近感もあったのでよく交流していました。そうしたなかで視野が広がっていき、毎日がとても刺激的で、最終的には快適になっていったことを考えると、アメリカは私には合っていたのだと思います。

私はご存知の通り全盲なので、車の運転ができません。車社会のアメリカで私が生活するのに容易でないことは、たやすく想像できるでしょう。留学当初はガイドさんがついて歩行訓練で道を教えてくれるのですが、私が1人で行けると言って、冒険心でバスに乗り1人でショッピングに行ったことがあります。案の定、帰り道で迷ってしまいました。交差点まで歩いて道を聞こうと車の窓を叩いて道を聞いたら、これはパトカーだから乗れと言われました。そう言われても、それが本当なのかすら私にはわかりません。何をされるかわからないし、怖いので乗れない、嘘かもしれない。

そうしたら、私の手をピストルに触れさせて「警察だ。間違いない」と。私はＩＤカードや警察手帳を見せられてもわかりません。乗ると、前の席と後部座席の間にしっかりしたガードがあって、改めて社会が違う、安全な日本とは違うんだなと思いました。

こんなこともありました。サンフランシスコで「お前のこと知ってるよ、地下鉄の駅まで連れて行ってやるよ」と声をかけられ、自分で行けるから大丈夫だと言っているのに、「チケット買ってやるから財布出せ」とポケットに手を突っ込まれ、財布を取られたことがあります。犯人が逃げ出しかけた時にTシャツを掴んで、高校の頃やっていた柔道の大外刈りで倒して馬乗りになって取り返しました。ところがその後、警察が来て、こういったことは絶対やるなと言われてしまいました。相手がもう1人いたらお前は殺されていたかもしれない、と。やっぱり怖い社会なのだと思い知らされることが、日々のなかで何度もありました。

しかし、幸か不幸か、目が見えない我々は日常生活のなかにいつでも命の危険があります。たとえば、今住んでいるサンディエゴの大きな通りを渡ろうとして大型トラックに轢かれそうになったことは数多くあります。私の盲導犬のＴａｗｎｙが目の前に飛び出して命を助けてくれたこともあります。東京では、プラットホームから転落して電車が来る前に間一髪ホームに飛び上がったこともあります。あと1秒飛び上がるのが遅れていれば電車に轢かれて死んでいたことでしょう。私たち視覚障がい者にとって命取りになる状況は日常茶飯事です。そうやって生活していると、自分自身以外のものに助けられる、その存在に感謝をすることが常にあります。命の大切さ、今あることへの感謝というのを日々感じているのです。生きているのではなく生かされている、こう考える時に人生は豊かになると思います。

健常者の皆さんも、本当はリスクがあるけれども、気がつかないことが多いだけのように思います。今ある人生を当たり前と思わずに、与えられているのだと考えて毎日を送ってみると、感謝するべきことや今まで見えていなかったことが見えるようになるのではないでしょうか。

自分自身以外のものに助けられ
その存在に感謝することで
命の大切さを日々感じる。

ストレスフリーを目指して

多国籍という環境からか、アメリカの学校はとても自由で、人の目を気にしなくてよいところが魅力です。統合教育のクラスでもお菓子やジュースを飲み食いしながら授業を受けていました。

働いている生徒もいるので昼と夜のクラスがあり、講義中に「自分は働いているが、先生が言うようなことは実際ありません」とか、自分の言いたいことを先生が話しているのをせき止めてでも言える、そういう社会なんだと思いました。日本だと思っていても言えない、出る杭は打たれるではないけれども、周りに合わせよう合わせようとします。ある意味すべてがきっちりし過ぎているとさえ思います。

たとえば、電車が駅に着いて止まった時、ドアが開かないからどうしたのかと思うと、「すみません、少し手前で止まりましたので、電車が動きます」とアナウンスが入る。5メートルくらい動くかと思いきや数センチ動いて止まる。1分遅れて「すみません、電車が遅れています」とアナウンスが入る。ここまでキリキリして働いておられる人が可哀想になってしまいました。そういったことはアメリカではあり得ないことです。

JRではラッシュアワーでも、私たち障がい者を電車に乗せたら目的地でも係員が待っていてガイドをしてくれるサービスがありますが、いまだかつて係員が来なかったことは1度もありません。それだけ質の高いサービスというのはありがたいと感じると同時に、なんでも完璧に失敗を許さない環境は窮屈で、気の毒だとも感じます。

ですが、私も日本で育った生粋の日本人です。アメリカ式に歯がゆさを感じることも随分ありました。日本だと教科書など点訳してくれるのが当たり前ですが、アメリカにはそういったサービスはないのでボランティアの人に頼まなくてはいけません。なのに、肝心のボランティアの人が時間になってもなかなか来ない。来たかと思えば「悪い、悪い、寝てた」とか言われると言葉が出ませんでした。

それに、点訳辞書がアメリカにはありません。手のひらサイズの辞書を点字にすると100巻にもなります。1つの高い本棚がすべて辞書になるくらいですが、そんなものを持っては留学できませんから、ボランティアの人に英英辞典を読んでもらって理解していくという苦労がありました。

次第にその生活が性に合って、ボランティアの人が多少遅れても、まあいいかと思えるようになりましたが、改めて日本のサービスはなんて素晴らしいんだと思いました。しかし、それと同時に、日本の人たちのストレスは大変だなとも感じます。

今の日本社会は完璧を求め過ぎるあまり許容性を失いつつある気がします。そんなところにもストレスを感じる人が多くなった原因があるのかもしれません。

もっと自分にも相手にもゆとりを持って、生きていきたいものです。

なんでも完璧に
失敗を許さない環境は窮屈。
人にも社会にもゆとりを。

電車の遅延にあなたは何を思いますか？

私は通常1人で日本にやって来ます。先日、一時帰国で東京に滞在したのはわずか3日間でした。その間に私が遭遇した人身事故による電車のダイヤの乱れは2回もありました。

2つのケースは、別の日ですから別の人身事故です。最初の人身事故は、たまたま乗り合わせていた山手線が池袋に到着した際に、先行電車が日暮里駅で飛び込んだ人を轢いたそうです。深夜でしたら、酔っぱらいの人がフラフラして線路に転落してしまうという事故も考えられますが、時間は午後4時くらいでしたから飛び込み自殺の可能性が高いです。

人身事故のほとんどは自殺であると聞いたことがあります。ですから、人身事故のため運転を見合わせています、というアナウンスを聞くと、私はまた1人、命を絶ったのだなと思い、空しく、苦しくなります。私はタクシーに乗り換えるか、このまま待つか悩んだ末に、次のアポまで時間があることもあり、車内で復旧を待つことにしました。

日本での自殺者は年間2万人を超えています。交通事故による死亡者より多いとのこと。待っている電車のなかで私は、日本のこの自殺の数を何とか減らすことはできないかと考えていました。

アメリカに住んでいると、東京でのストレスの大きさにびっくりさせられることが多くあります。

そんなにパーフェクトにしなくてもいいんじゃないの、間違っても失敗しても次があるからリラックスしてやれば、エスカレーターを駆け上がらずにゆったりと歩いて人生を送ればいいのに、と思ったりしていました。

しかし、先に進めない山手線のなかで、私が聞いたつぶやきはそのようなものではありませんでした。

「何だ、またかよ」「むっちゃ迷惑だな」「俺のアポどうしてくれんだよ！」

自己中心的のものばかりであったことに、私は驚いたのです。

人身事故で電車が止まることが当たり前になってしまって、そこまで追い詰められた人のことを考えられなくなっているのだなと少し切なくなりました。

でも考えてみてください。あなたの周りで何か困っていたり、悩んでいる人がいたとします。その人に話しかけたり、食事に一緒に行ったりして彼らと話す機会を作ってあげていたとしたならば、人身事故による運転見合わせのケースが減ったかもしれません。困っている人のなかには、精神科医やカウンセラーといったプロのサポートが必要なケースもあるでしょう。しかし、皆さんが係わることで思い留まる人もいるはずです。人身事故のアナウンスを聞いたならばそれは、あなたの周りであなたを必要としている人はいませんか、というメッセージとして受け止めてほしい。1人1人のその思いが自殺者を減らすことにつながるのです。

効率や合理性が優先される今の世の中で無駄と思われ、省かれているものを私たちは今一度思い出すべきだと感じています。

そのなかにある人として大切なものや心を尊重しながら、人と人とがつながって行けたら、こんなに素晴らしいことはないと、私は思っています。

時間や効率、合理性を
追求するあまり
人とのつながりを
忘れてしまっていないか？

ショックこそが視野を広げる

アメリカでの最初の頃の授業では点訳の教科書もなかったですし、ネイティブの英語で勢いよく話しかけられて、授業についていけませんでした。英会話を習っていたとはいえ、実際にクラスに放り込まれると、『ああ、自分はなんて英語ができないんだ』と情けなく思ったのを覚えています。しかし、自分の思いを主張しなくてはならない。1時間の授業のなかで一言は何か言おうと決めました。発言しディスカッションに参加しているうちに徐々に耳が慣れてきて、クラスにも馴染めるようになり、いかに自分を主張していくかの大切さを知りました。特に、国際社会においてはそれが必要であると肌で感じました。

アメリカは多国籍なので、それと同じくくりで「障がい者」というものが受け入れられているように思います。よく日本的な優しさで「やらなくていいよ、見えないんだから」

というような言葉をかけられることがありますが、アメリカでは「これはお前のやるべきことなんだからやれ」といったように、ある意味差別や区別がない。私にはそれがうれしかった。

見えないその人にタスクを与えないのではなくて、与えて一緒にやるためにはどういったサポートが必要なのかを考えて行動を起こす。それによるみんなと一緒にやれて良かったという思いが喜びになります。これが本当の意味でのインクルージョンだと。その人がやれることを最大限にやれるようにすることが、インクルーシブ社会なのだと思います。そういうインクルーシブ社会のなかで初めて障がい者は自信を持てるのだと感じています。

アメリカ留学で、私は様々なショックを受けて帰って来ました。ですが、そのショックこそが、私の幅を広げ、視野を広げたのだと思います。

ショックという意味ではそれぞれの人生にも色々なショックがあるでしょう。そのショックを時間が解決してくれて、ゼロに戻るのではなく、むしろマイナスがプラスになって、その後の人生に大きく影響を与えることは十分に考えられます。

そういった経験すべてに意味があると考えることができるかが、気持ちをポジティブにできるか否かのポイントなのではないでしょうか。

ショックこそが
その後の人生にプラスの要素として
大きな影響を与える。

人の役に立つ喜び

筑波大学理療科教員養成施設を卒業した私は、運よくそのまま筑波大学附属盲学校の鍼灸科の教員になりました。当時、ほとんど新卒の教員を取らない学校でした。しかし留学生を受け入れるプログラムを推進する関係で留学経験があり英語ができた私は採用されることになったのです。本当にラッキーでした。母の反対を押して留学した甲斐がありました。

安アパート暮らしでしたが、東京で経済的にも少し自由になり、友だちと飲みに行ったり、英会話に行ったりと充実した日々を過ごしていました。

私はその頃からボランティアにも積極的に参加していきました。日本赤十字社の語学奉仕団という団体があるのですが、私は主に医療関係が得意だったので、病院の問診票を英訳するボランティア、障がい者関係のセミナーや講演会での外国人ゲストの通訳をやっていました。

そこで非常に良かったのは、アマチュア無線を始めた頃と同じで、自分の枠のなかに閉じ籠らずに、普段では係わらないような別世界の人たちとの出会いがあったということです。

週末には、日本赤十字社の本社にある奉仕団室という場所で、みんなで集まってワイワイしながら勉強会をやったり、ニュースレターを印刷したり。あとはアクセシブル東京という障がい者のための東京ガイドブックの調査をしていました。どの駅のどこにエレベーターがあって、どこのホテルだと利用しやすい部屋があるというような、当時はまだ少なかった障がい者への情報をまとめていました。

それはとても楽しくもあり、何より人の役に立つという喜びがありました。与えるということ——自分は見えないから……できないから……支援を受けるしかないのだという障がい者に限らず、『自分をあきらめた』考え方を持つ人が多いように思います。でも、どこかで返せるものなら返したい、ＧＩＶＥしたいと思いませんか？

私の場合、英語と医療という分野でなら、そういったボランティアがやれるだろうと思ったのです。

サンディエゴには有名な「トイライド」というチャリティイベントがあります。経済的に困窮している家族の子どもたちにクリスマスプレゼントを贈ろうという、自転車仲間たちによるイベントです。かつて、私は多くの人たちが物質主義的に動き出すクリスマスシーズンが嫌いでした。多くの人の感情が物で動かされていくのが、どうにも苦手だったのです。

そのチャリティイベントでは、自転車にクリスマス用のデコレーションをして、子どもたちへのプレゼントを抱えてサンディエゴ北部のラホヤに集まります。出発前にベストデコレーションをした人を、参加者の人気をもとに決定した後、30キロ離れたサルベーションアーミーに向けて、サンタを先頭に300台以上の自転車の大群で向かいます。すれ違う車からは応援のクラクションが聞こえます。

自分たちも楽しみながら、子どもたちのためにもなっている。与えることの素晴らしさを再認識させてくれた、素敵なイベントでした。与えることで、誰かの心に光を灯すことができるシーズン。もうクリスマスが嫌いだとは言いません。

自分にできることでいい。
与えることの素晴らしさを感じてみる。
自分も楽しみながら。

命を預ける覚悟で信頼する

私はよく「インクルージョン（統合）とか言っているけれども、結果的には障がい者であることを売り物にしているだけだ」と言われることがあります。そうでなければ、2013年の時も2019年のチャレンジも「ブラインドセーラー世界初」という売り込み方はしないでしょうと。これは同じ障がい者の方から言われることが多い。また、ヨットというのはやはり道楽というイメージが大きいので、そういったチャレンジではなくて自分の体ひとつで挑戦できるような、たとえば、キリマンジャロの登山とか……そういったものがいいんじゃないかと言われることも。

私は高校生の時に担任の森田先生に連れられてスキーに行って以来、アメリカでも妻がやっていたので、よくスキーに行っていました。ガイドについてもらいながらではありますが、中級クラスのコースまでならガンガン滑れます。後ろに妻がついて右左右左、ターン、ダウン…その繰り返しです。ジャンプやコブは3、2、1とカウントダウンで飛んだりしていました。ガイドのほうが全体を見て指示を出さなくてはいけないので大変です。上級レベルになると前で鈴を鳴らしてもらいながら滑ってもらったりするようです。スキーも考えました。ですが、どうせ始めるのであればやったことのない、新しいチャレンジがいい。

それで始めたのが、トライアスロンです。身ひとつで過酷なレースに挑むというトライアスロンは、まさに私にとっては壮絶な経験でした。私は盲目なのでガイドの伴走が必要になります。

最初の頃は水泳でよく海水を飲み込みました。呼吸が苦しくなり、胸を叩いて海水を出そうとしている時に、海に落ちておぼれそうになった幼少期のトラウマが蘇り、『もう怖い。レスキューに助けてほしい』という思いで、頭はいっぱいでした。しばらくして、なんとか海水を吐き出し、少し落ち着きを取り戻すと、冷静に『ここでやめたら今までの練習が無駄になる』と考え直すことができ、再び顔を水につけて泳ぎ始めました。しかし、緊張で体はガチガチになっており、25メートルくらい泳いで息をしようとすると顔を水中に押し付けられたり、顔を思い切り蹴り上げられたり、ガイドと私をつないでいる自転車用チューブに乗り上げられたり、息が上がり休憩しなくてはならない状態でした。プールでは休みなしに2キロ以上泳げるのに、その泳ぎが全くできません。

トライアスロンでリタイアする人の多くは最初の300メートルのところで私と同じような経験をし、続けられなくなるそうです。最後のランで足が痛くなって、疲れて体が動かなくなって、という理由でリタイアするのではないのです。どんなに何キロもプールで泳げたとしても、海で、しかも人に揉まれるという厳しい環境では何の役にも立ちません。

自転車では、2人乗りの自転車の後ろに乗り、ひたすらペダルを漕ぎます。カーブに近づくと前に乗っているキャプテンが「コースティング」「ライトターン」というように指示を出してくれるので、それに従って行動します。コースティングはペダルを漕ぐのを止めろという意味で、ライトターンは右に曲がるという指示です。曲がる時に右に重心を傾けながら、次の動作をシュミレーションします。下り坂では時速が40〜60キロほど出るので、恐怖感は倍増します。集中してバランスを整えます。バランスを崩して転倒すれば骨折ではすみません。

恐怖を感じた時、その思考を泳げていることに感謝、トライアスロンに参加させていただけていることに感謝、ガイドしてくれているフルアイアンマンのグレッグに感謝と、感謝する方向を変えて深呼吸をしてみました。すると体から力が抜け、緊張がふっと取れたのです。

アンコンフォータブル（不快）な環境に自らを置き、その環境がコンフォータブル（快適）に感じるようになるまで訓練を続ける。これは私たちの人生でも同じことが言えるのではないでしょうか。

私はトライアスロンもスキーも、ガイドに命を預けています。不安です。だけれども、完全に預けないと、かえってそれが死につながります。ガイドの声をいちいち疑っていたのでは判断が遅れます。そういう意味で私は死んでもいい覚悟でガイドに身をゆだねます。信じてリラックスをするから体のブレも少ないのです。そしてブレない思いが相手に伝わった時、強い絆と達成感が素晴らしい成果をもたらしてくれると感じています。

ブレない思いが伝わった時
強い絆と達成感が
素晴らしい成果をもたらす。

第二章 行動すれば不安は消える

期待は人を変える

筑波大学理療科教員養成施設に入学するためには試験を受けなければなりません。全国から理療科教員養成施設を目指して試験を受けに来て落ちてしまった子たちを集めた予備校のようなコース（鍼灸手技療法研修科）がありました。私はそのクラスの担任を長いことしていました。

そのなかでも、特に私が印象に残っている全盲の男の子の話をしましょう。彼は私が最初に担任を持ったクラスの生徒でした。埼玉から出て来て、本気で教員になりたいと思っていましたが、実技をやらせても下手で、鍼を曲げてばかりで刺せない、勉強しても勉強しても伸びない子でした。こちらが可哀想になってしまうぐらいで、挙句の果てには「先生、努力してもやっぱり無駄ですよね、結果がすべてですよね」と言われてしまいました。

私がどんなに「そうじゃない、プロセスが大事なんだよ」と話しても、彼らはコースに入ったからには理療科教員養成施設に合格しないと意味がないと考えるわけです。「君みたいな努力する人が教員にならなきゃいけないんだ」と口では言えるけれども、「やっぱり僕は教員に向いてないんですね」と言われると本当に辛かった。

そんな彼を見て、周りはあれでは教員になんかなれない、どうするんだというようなことを言っていました。それでも、彼はどうしても教員になりたいと私のところに相談に来ました。

彼には放課後や長期休暇時に、実技の補習として私自身に鍼を打たせて練習させました。鍼を曲げて曲げて、また曲げて。私は、彼に恐怖感を与えてまた自分は駄目だと思わせないように、痛くても目を落として「いいよ、またやって」と続けさせました。

研修科を修了しても教員になれなかった子は鍼灸の免許は持っているので、治療院で鍼灸師やマッサージ師として就職することは可能です。ですから、受からずにそちらに流れてしまう子も少なからずいます。彼のように3回4回と粘り強く受ける子はなかなかいません。後に彼は私が「君はいい教師になれる」と言ってくれたから頑張れたんだと言ってくれました。

有名な研究があります。教師にあの3人の生徒は特別な能力があると嘘のデータを教えて、教師がこの生徒はやればできると信じ込んで指導をすると、何の変哲もなかった生徒の成績が上がるという心理学的データです。もちろん、本人の能力や努力によるところも大きいでしょう。ですが、周囲の人たちの関わり方でも人は変わっていくのです。

人の持つ力、あるいは相手を信じることがいかに大切か。期待というもので人を変えることができる、ということです。彼は私が思っていた以上に、立派な教員になりました。こんなにうれしいことはありません。

人の持つ力、あるいは相手を
信じることがいかに大切か。
期待は人を変える。

心の声を聞く

筑波大附属盲学校にはベテランの先生が多く、私のような新卒の教員はほとんどいなかったので、生徒たちからはよく相談を受けました。

放課後にちょっとした悩み相談を聞いたり、恋愛相談もありました。なかには社会に出ていく不安を打ち明けてくれる生徒もいました。また、東京で遊びたくて地方から出て来たが、本当に教員になりたいのかわからないというような生徒もいました。

特に、弱視の生徒は盲学校のなかでは「見える子」なので、自信のある子が多い。その上、鍼灸やマッサージの免許を持っているので、接骨院なんかでバイトをしていたりすると、お金もあります。だけれども、夜が遅いから朝は学校に来ないとか、いい加減なことをする子もいました。最初の頃は私が言えば、少しは勉強するようになるだろうと思っていました。ですが、やはり私の何とかしたいという「我」のほうが強かったのでしょう。私が話をしたところで、彼らの態度は変わりませんでした。このままでは駄目だ。このまま教員をやれるのか。私の存在意義はなんだ。少しでも彼らのためになりたい。私はそこで初めて、自分以外の人のことを真剣に考えるようになった気がします。伝わらないもどかしさを感じ、青山学院大学の夜学に心理学を学びに行きました。

入学してすぐの頃、心理学の先生が私に「仕事をしながらなぜわざわざ勉強に来るのか」と尋ねてきました。私が率直に「彼ら（生徒）の気持ちをわかりたいからです」と言うと、「そういった気持ちで来るのならやめなさい」と言われ、驚きました。せっかく入ったのに……と思いましたが、４年間学んでその真意がわかりました。

その真意は、相手の思いをわかろうと努力することはできるけれども、人の心をすべてわかったつもりでカウンセリングすることは間違っているということでした。だから、人の心はわかり得ないものであるという前提で、寄り添う。それは聞くことの重要性、ただ聞くことに終始するということなのだろうと思います。何とかしてやりたいと踏み込み過ぎたり、感情移入し過ぎたり、情に流される――このことは今も私自身、ボランティアやクライアントさんとのコーチング、やり取りのなかで気をつけていることです。

人の心すべては
わかり得ないものである。
ただ、ただ寄り添う。

笑顔の輪

さて、あなたは自分が1日に何回笑っているか、意識したことがありますか？

お笑い番組やコメディを観ている以外、日常生活で笑うことはほとんどありません、という人も多いのではないでしょうか。健康な子どもは1日平均400回笑うのに対して、大人は15回だそうです。年を取るにつれて笑う回数が減っていくんですね。残念なことです。

大人になっても子どものような感受性豊かな心を持ち続け、ちょっとしたことにでも笑う、これは大切なことだと思います。笑いの効用には色々あるようです。

笑うことにより、ある種のストレスホルモンが減少し、ナチュラルキラー細胞の活性化が高まると言われています。つまり、笑うことによってストレスは減少し、免疫力が増すのです。また、笑いは伝染します。笑っている人の周りには笑顔の人が多いと感じたことはありませんか？　笑うことにより幸福感を感じる割合が増えるのです。

悲しいから泣くのではなく、泣くから悲しいという心理学の説をご存知でしょうか？私が青山学院大学で心理学を学んでいる時に出会った、ジェームズ・ランゲ説について話したいと思います。その時には理解できませんでしたが、今では合点している心理学の説です。

心理学者でアメリカ人のウイリアム・ジェームズとデンマーク人のカール・ランゲによって1884〜1885年に提唱された、

「悲しいから泣くのではなく、泣くから悲しいのだ」

というジェームズ・ランゲ説です。

失恋をしたり、親と死別したり、悲しい出来事を受けて、それらを悲しいと思うから泣いてしまう、という考えが一般的でしょう。一般的な考え方とは反対に、ジェームズ・ランゲ説は「泣くから悲しいという感情が現れてくるのだ」という考えなのです。

行動が感情を作り出す、言い換えれば行動によって感情は制御できる可能性があると主張したのです。そうです、行動を変えることで感情の変化をコントロールできると言っているのです。悲しくて泣いている時に笑ってみてください。笑うという行動によって悲しみは軽減できるはずです。

あなたも私と一緒に笑いを周りに広げ、幸福感を与えられる人を目指しましょう。笑って幸福感を感じる、周りにもシェアできる、これは人間だけの特権なのです。この特権を大事にしてハッピーな人を増やしていきましょう。

そのほうがあなたの免疫力は増し、自分自身のためになると同時に、あなたの笑いに同調して笑い出す人が必ず出てきます。そうすることで幸福感を広げることができるのです。

笑って幸福感を感じ
周りにシェアできる。
これは人間だけの特権。

完全主義を捨てると行動できるようになる

行動できない人の多くは、

「もっと調べてから」「もっと経験を積んでから」

「計画をもっとしっかり立てて良いものにしてから」

「あの人にこの人にもっとアドバイスを聞いてから……」

と永遠に行動を起こす前の作業ばかりをしています。そうしているうちに事前の作業が増え、それをこなすまでにまたやらなくてはならないことが増え、結局行動できないで終わる、という人が本当に多いのです。


そのような人たちの多くは、100%の情報を得て、100%の成功が保証されていると思うまで行動できない、パーフェクショニスト（完全主義者）です。

このパーフェクショニストの考え方を捨てることで、随分楽に行動できるようになります。

100%準備をしたからといって必ず成功するとは言えません。

100%準備する途中段階でやめてしまうリスクを考えれば、思い立ったら即行動をしたほうがやらなかった後悔を考えると、人生においてプラスになると私は思います。

あなたには今、考え過ぎて、行動できていないことはありませんか？

あなたはパーフェクショニストになっていませんか？

誰にでも平等に与えられているのは1日24時間、1440分、86400秒という時間です。社会的地位が高いからといって1日が48時間にはなりません。同じく貧乏だからといって20時間になることもない。1度過ぎた時間は元には戻りません。完璧な準備にこだわったり、過去の出来事を悔やんでいると、時間なんてすぐに経ってしまいます。悔やむのではなく、再チャレンジのための行動を起こしましょう。

時間が経つことで、周りの環境や相手の状況も変わっていきます。戻ってこない今という時間を大切にして行動に移すことが重要です。あなたの将来の成功のために。

100%準備をしたからといって
必ず成功するとは限らない。
頭で考えてばかりいるのではなく
まず、行動してみる。

100の心配事の内、99は心配する必要はない

以前、ある編集者の方に「岩本さん、婚活本を書いてください」と言われたことがありました。視覚障がい者でありながら、アメリカ人女性と結婚しているということで、何か婚活をされている方々のヒントになるのではということだったのでしょう。ですが、現実はそれほどドラマティックなものでも、見本になるようなものでもありません。多少の苦難はありましたが……。

私は29歳の時に妻であるキャレンと結婚しました。私がちょうど筑波大附属盲学校で教員をし、英語を忘れないようにと英会話教室に通っていた頃、彼女と出会いました。彼女は私の担当講師の友人で、英会話教室で行われるパーティーや交流会、イベントなどにも参加していました。

ある時、英会話教室が主催して千葉の海岸でキャンプをするイベントがあり、ビーチに行った時に彼女がガイドをしてくれたことがありました。彼女曰く、その時に彼女はピンと来たそうなのですが、私は全く気づきませんでした。それから、飲み会だとか何かある度に私の世話をしてくれるようになり、私も意識するようになりました。

私もそうですが、彼女も体を動かすことが好きだったので、スケートに行ったり、ハイキングに行ったり。そんななか2人で、三浦海岸に歩きに行ったことがありました。海岸沿いなので岩を上ったり下りたりしなくてはいけない道でした。私は杖を突きながら、彼女は見えない私の動きに指示を出しながらだったので、彼女が計画していたよりもやはり時間がかかり、途中で暗くなってしまったのです。

私としては、不安というか情けないというか…本当に駅までたどり着くのだろうかとさえ思いました。もちろん彼女もどうしたらいいのかわからず、不安だったでしょう。その時は無事に事なきを得ました。ですが、そういった経験によって私にインスパイアされたと彼女が言っているように、私も彼女のどこかアグレッシブなところにインスパイアされていったように思います。

付き合っていけばいくほど、お互い不安はなくなっていきました。最初はあった障がいによる日常生活の疑問や不安も、徐々にお互いを信じられるようになることで解消されていきます。ただ、いまだに食事関係においては意思の疎通がうまくいかないことがありますが。

結婚における最大の問題はお互いの親でした。彼女の父親は軍医をしていた人で、子どもたちの誰かを医者と結婚させるか、医者にしたかったようです。しかし、最も期待をかけていた末の娘であるキャレンが連れて来たのは、医者でもなく、アジア人、しかも目が見えない男だったのです！　親の期待を知った時はさすがに私ではないほうがいいんじゃないかと思いました。お互い結婚の意志を確認して、親に挨拶に行く頃には彼女はもう実家のあるシカゴに戻っていました。私たちは遠距離だったので、彼女も私の知らないところでそれなりに悩んだと思います。しかも、私の実家は熊本の天草だったので原爆が落ちた長崎から近いということもあり、アメリカ人との結婚に抵抗感を持つ親類もいました。

彼女の実家に挨拶に行った当初、お義母さんは口もきいてくれませんでした。怖かった。滞在したのは1週間ぐらいでしたが、その間、食器洗いやショッピングセンターでの荷物持ちなど、やれることはすべてやりました。帰る頃に口はきいてくれるようになりホッとしましたが、それからも数回行って、時間をかけてお互いの家族の心の距離を縮めていきました。そして、ようやく了承してもらえたのです。

私の元に来るクライアントさんを見ていても、過去の出来事で思い悩み苦しんでいる人が多いと同時に、将来のことが心配で心配で不安に駆られながら生きている人が多いと感じます。しかし、１００の心配事の内、99は心配する必要はない事柄です。


私って結婚できるのかしら？

この人と生活していけるのか？

子どもの将来を考えると不安で仕方ありません。

義理の両親を介護しなくてはならない時期が来るかと思うと……


不安で不安で仕方のない人たちのなんと多いことか。

不安の思いから、それらを回避するにはどうしたら良いかと考えて、行動に移していけば良いのです。しかし大抵の場合、恐怖にさいなまれて何もやっていない人がほとんどであることは悲しい現実です。

99％の心配事は実際には起こらないという研究結果を聞いたことがあります。実際には心配する必要のない100の内の99に対して、私たちは心を奪われています。それらに対して不安になって動けなくなるとは、なんと馬鹿げていることでしょう。

人生はそんなに長くありません。将来に対して恐怖を抱いて怯えて生きるより、目標に向かって、今を一生懸命ワクワクして生きてみたいものです。

最後にもう1度言います。

100の心配事の内、99は心配する必要はないということです。

将来に対して
恐怖を抱いて怯えて生きるより
今をワクワクして生きる！

できるかできないかではなく、やるかやらないか

結婚後しばらくは文科省の官舎に住んでいましたが、もう少し広いところへ引っ越そうということになり、海が見えるところがいいという妻のリクエストに応えて、千葉の稲毛海岸に引っ越しました。

休日に2人で海沿いを歩いていると小型ヨットがたくさんあるマリーナがあり、『貸出ヨット』とありました。中高時代にセーリングをやっていた妻が「乗ってみよう！」と言い出し、シーホースという2、3人用の小型ヨットを借りて海に出てみることになりました。

しかし、心の準備ができていなかった私は、無理やり乗せられた感が拭えません。加えて私には海へのトラウマがいくつかありました。まずは全盲になった16歳の夏のこと。身を投げようとしたのは海だったので、その頃の不安な気持ちや恐怖感が蘇ります。実はそ

の前にも、私がまだ物心つくかつかないかの頃、母親が私を背負ったまま船上で隣の船に渡ろうとして、バランスを崩して海に転落したことがありました。また5歳くらいの頃にも、父親の砂利運搬船に乗り込むのに陸から渡された20センチ幅の板を歩いていて、揺れる板に足を取られて海に頭から落ちたこともあります。これはいまだにはっきりと覚えています。だから、基本的に「海は怖い」のです。

体重をボートにかけて乗り込もうとすると、ボートが斜めになりひっくり返りそうになります。父親の砂利運搬船など大きな船に乗ったことはありましたが、こんな軽い、体重をかけただけでひっくり返りそうな船には、今まで乗ったことがありませんでした。不安がさらに増していきます。

妻にボートをしっかり押さえてもらい、安定させてからやっと乗り込むことができました。ボートのセールを挙げると海を滑るように走って行きます。床板の底から、ワシャワシャという水の音。この下は深い深い海なんだと感じ、リラックスするどころではありませんでした。それに風を横から、あるいは後ろから受けている分にはいいのですが、前から受け始めるとボートが斜めになります。

ひっくり返るのではないか、というくらい風が強くなり、必死にボートを掴みます。悔しいですが、すべて妻の言いなりです。紐を引っ張ってとか、ボートの方向を変える時にブーム（帆を下から支える支柱）が右から左、左から右へと動くので、ブームに当たらないように頭を下げて、とか。『もし頭に当たったら……』臆病者の私はそのようなことばかり考えて少しも楽しめず、生きた心地さえしませんでした。やっとの思いでマリーナに戻り、ボートから降りた瞬間の、安堵感を今でもはっきり覚えています。

しかし人の心というのは面白いものです。しばらくして思い浮かべると、エンジン音もなくスーッと流れるような自然との一体感とか、風が肌を撫でていく感覚、あちらこちらから聞こえてくる海鳥の声……プラスの記憶も蘇ってきたのです。やっぱり気持ちよかったなと思い、妻に誘われていくうちにセーリングにはまっていきました。

稲毛海岸のマリーナには、障がい者と健常者が共にヨットを楽しむというコンセプトのもとに発足した「ヨットエイド千葉」というのがあることを知り、妻と2人ですぐにメンバーになりました。その頃には、初回のセーリング経験とは楽しさが180度変わっていました。セーリングができる週末が待ち遠しくて待ち遠しくてたまらなくなっていたのです。

セーリングに熱中して毎週末のように海に出ていたある日、視覚障がい者のためのセーリンググループであるＪＢＳＡ（日本視覚障害者セーリング協会）があることを知りました。私がＪＢＳＡに入会して間もなく、寄付された26フィート（約８ｍ）の「あほーどり」というヨットを、四国の今治から東京の夢の島までセーリングしながら運ぼうという計画がなされていました。乗船希望を募るメールに即座に「お願いします」と返信をしました。今までやったことのない長距離航海に出てみたかったのです。

入会したばかりで、どれくらいのスキルがあるか、協調性があるかもわからない新参者の私を、艇長は受け入れてくださいました。この時の経験がなければ、その後の太平洋を横断してみたいという夢も考えついていなかっただろうと思います。

「あほーどり」に乗って、驚きました。ベッドにもなる椅子、テーブル、ガスレンジ、水道、トイレ……、なんとこれはワンルームマンションではないか。もちろん積み込める水やプロパンの量は決まっているので、使い放題とはいきませんが、ヨットのなかで生活できることを実感しました。

今治から関西空港マリーナまで、夜は近くの港に停泊させたものの、風がよい時には１日中セーリングをしました。エンジンを使うのとは違い、燃料がいるわけでもありません。風さえあれば休まずにどこまででも行けることを体験したのです。

そうか、これだったら世界で1番大きな海、太平洋を渡ることができる。挑戦してみたい。そう思った瞬間でした。とりあえず行動してみた結果、自分の知らない世界を知ることができ、それが後の太平洋横断チャレンジの実現につながったのです。

私は、初めてセーリングに行く人には必ず操船してもらうようにしています。大体、沖に出て落ち着いた頃に、操船してみますか？　と声をかけます。この時に反応として二手に分かれます。

「ぜひ！」

「いやー、結構です…」

あなたなら前者でしょうか、後者でしょうか？　操縦にチャレンジしてみるか？　と聞くと、わかりましたとすぐに舵を持ち操船し始める人と、いや自分は経験がないし、どうやったらいいかわからないし……、ヨットを壊してはいけないのでと断る人に分かれます。

私からするとせっかく操船のチャンスがあって、その素晴らしさを体験してほしいと思っているのに断られるとガッカリします。

舵を持って操船し始めた人には、なるべく遠くの目標物を見ながら操船すると蛇行しませんよ、車みたいに舵を動かしてもすぐにヨットは方向を変えませんから、常に時間に余裕をもって操船してください、などと教えることができます。

ですが、断った人にはこのような経験はできません。チャンスが与えられているにも関わらず、自分でそれを駄目にしている。非常にもったいないことです。

行動できない人に共通していることがあります。それは、不安な心に支配されているということです。怖がることはありません。やってみてください。この行動派になることが何事も成功への第一歩なのではないでしょうか？　やってみたら意外と何とかなるものです。

行動を起こしていくなかで問題が出てくればその時どうするかを考え、必要であれば助けを求める、何もしないでいるより、必ず成功に近づけるはずです。

チャンスを掴んで
恐れずに行動することが
成功への第一歩。

行動をしないで後悔することほど、悔やまれるものはない

千葉に引っ越した頃には、青山学院大学での心理学も学び終えて、年齢的にも立場的にも仕事が忙しくなり、ベテランとしての責任が出てきます。私はその頃、教員をしながら、それとは別にＪＩＣＡという国際協力機構や国際視覚障害者援護協会（ＩＡＶＩ）のボランティアもしていました。東南アジアに行ったり、沖縄の国際センターに行ったり、今考えるとよくやったなと思います。ＪＩＣＡやＩＡＶＩはボランティアなので海外へ行くにしても、出張ではなく有給休暇を使って行っていました。

東南アジアの視覚障がいというと、障がい者を隠したり、見えないことを親や兄弟が利用して物乞いをさせます。フィリピンへ行った時も車が止まると、視覚障がいの子を連れてドアをコンコンと叩く。日本の社会がいかに恵まれているのかを痛感し、それと同時に、

自分に何かできることをやっていかなければいけないという思いを強くしたことを覚えています。

当時向こうでは、障がい者が働けるという認識すらありません。もっと言えば学校に行かせるべきだという考えもない。IAVIは、日本も含めたアジア圏の障がい者の待遇を向上させるのが活動のメインです。障がい者を自立させよう。リーダーを育成しよう。リーダーを育成すれば、彼らがリーダーとなって国の視覚障がい者の世界を変えるだろうと。ですから、ただ行ってそこの人たちに教えるだけでなく、日本に来てもらってリーダーを育成するという制度もありました。

ですが、教員の同僚のなかには、私が外部の仕事をすることに対して、何が外国だ、日本のなかだけでもこれだけできないことがたくさんあるのに、そのために時間を使うのはどうなんだ、という意見を言う人もいました。生徒のために時間を使ったほうが有意義だと。確かに、目先のことを何とかしなくてはいけないというのは正論です。それでも、私にとって国際貢献はライフワークでしたので、私が活動を控えることはありませんでした。

私が国際協力をすることで、教えている生徒たちにプラスになったこともあります。今の学校教育はカリキュラムに沿って授業を進めることに厳しく窮屈な印象を受けますが、当時は自由度が高く、教員の裁量で授業を進めることができました。

ですから、1時間そういった国際協力や国際貢献についての話をしていたこともあります。興味を持って聞いてくれる生徒もいましたし、自分もＩＡＶＩのプログラムを受けたいとか、外国の視覚障がい者のためになることがしたいという生徒も出てきました。現在教員になっていますが、学生時代にタイに行ってボランティアをやっていた生徒もいましたし、筑波大附属では留学制度もあったので、受け入れたマレーシアの留学生と一緒にマレーシアに行って活動したりと、国際的な目を持つことができた生徒もたくさんいます。

実際、ＩＡＶＩには私だけでなく他にも参加していた教員はいたので、彼らと共に様々な活動を生徒も含めてできたことは、非常に良い経験だったと思っています。今では、インドに筑波大学附属盲学校から教員が行って、実際に講習で教えて、筑波大学から資格を出していると聞きました。

当たり前ですが、行動してすべてを変えられるとも、すぐに結果を出せるとも思っていません。だけれども、継続していくことで、プロセスを大事にしていくことで、いつかどこかで報われる、私はそう信じています。

先日、元同僚が企画してくれた講演会に、当時の教え子であるマレーシア人の女の子が来てくれていました。彼女の母親が、私たちがＩＡＶＩで企画した国際視覚障害者支援プログラムを受けていて、マレーシアの視覚障がい者に広めたいと話していたのを思い出し、電話でも話すことができました。感慨深いものがありました。

ＩＡＶＩから離れて、私はもうすでに十数年経っています。それでもこうして手掛けていたプログラムによって、活躍している方たちがいることを心からうれしく思います。もし、私がＩＡＶＩでの活動に批判的な声に負けて、活動をやめていたとしたら、この喜びは味わえなかったと同時に大きな後悔だけが残っていたような気がします。

あなたはこれまで数多くの後悔を経験してきてはいませんか？

それらを思い出してみてください。やっておけばよかった後悔でしょうか？　それともやらなければよかったという後悔でしょうか？　行動をしないで後悔することほど悔やまれるものはありません。

時間を後戻りさせることはできないからです。もう少し準備ができてから、自分にはそのような能力はない、他の人の意見を聞いてから、などと行動しない理由を自分に言い聞かせることは簡単です。しかし、そうしていると大きなチャンスを逃してしまう可能性が高いのです。一方、こんな失敗をするくらいならやらなければよかった、という後悔の場合には、その失敗から学ぶことが必ずあるはずです。

最初の一歩を踏み出すには勇気がいるでしょう。しかし、成功した時のことをイメージしながら思い切って踏み出してください。あなたにだってやれます。やらなかったことに後悔しないように共に毎日を送りましょう。

継続していくことで
プロセスを大事にしていくことで
必ず報われる。

第四章

上手くいかない時の思考法

後悔や未練に意味付けをする

結婚してから妻とは、いずれは子どもがほしいという話はしていましたが、私のなかでは自分の失明の原因がわからなかったので、果たして生まれてくる子の目はどうなるのかという不安がありました。これが全く遺伝と関係ないということがわかっていれば気にすることもないのでしょうが、それを証明するものは何もありません。そういう意味で私自身消極的だった時期がありましたが、妻は目が見えようが見えまいが子どもは子どもだと言っていたので、いつかはと思っていました。

子どもを授かったとわかり、色々と出産への準備をしていくなかで、妻がアメリカに帰りたいと言うようになりました。私としては考えてもいないことでした。教員は一生涯の仕事としてやり遂げるつもりでいましたし、学校でもＪＩＣＡやＩＡＶＩでも責任ある立場でやらせてもらっていましたから。ですが、妻も不安だったのだろうと思います。日本人を旦那に持つ外国人の奥様の会みたいなものがあって、そこでハーフの子の日本での子育ての現状や悩みを聞いていくうちに、自分もそのような状況にさらされるのかとストレスを感じるようになっていたのです。

ですが、私としては国家公務員で給料も安定しているし、ボーナスもある。一番辛かったのは、やはり国際貢献をしたいと取り組んでいた世界の視覚障がい者の生活向上を目指している仕事の、志半ばまでもまだ行っていない状況だったことです。

2人で何度も話し合いました。日本とアメリカのいいところを書き出して、結果的には子どものことを考えればアメリカだろうということになりました。

「文部教官教諭」という国家公務員であった私は、退職を決めた際、多くの人に止められました。

「公務員ほど安定した職業はないんだ」

「将来もらえるはずの年金をパーにするのか」

「ボーナスもなくなるんだぞ」

……と公務員を辞めてしまう私が異常と言わんばかりのコメントと共に。

もちろん私のことを思ってのことだったとありがたく聞き、それでもアメリカに移住する必要があるのかと、自問自答するきっかけを作ってくれたことに感謝しています。
それでも、私のなかでは一応、整理を付けました。1年近く話し合い、娘も1歳になった頃、私は公務員を辞めアメリカのサンディエゴに移住しました。

そうして、移住してきたアメリカでの生活は、思っていたよりもかなり厳しいものでした。アメリカでは何の資格もなく、働けない私は1歳の娘の世話を1日中していました。将来がどうなるかも見えません。
そんなある日、日本のニュースをインターネットで聞いていたら、公務員の今年の夏のボーナスの平均は……というニュースが流れてきました。ボーナスも給料もなくなることを重々承知したうえで仕事を辞め、アメリカに移住してきたのに、このようなニュースに出会うと、フッと『やめておけばよかったのかな』と思っている自分がいました。それと共に彼らの言葉が思い出されました。

彼らが正しかったのではないか？

もう少しだけ、妻に我慢してもらい日本にいれば慣れてくれたのではないか？

娘にとって本当にアメリカの教育が良いのか？

……今まで決めてきたことをひっくり返す思いが沸々と湧いてきました。それに加えて、ボーナスのニュースを聞いたぐらいで落ち込んでしまう弱い自分が嫌になってきていました。過去への執着や慣れない育児、無職……すべてが負のスパイラルになっていたことを昨日のことのように思い出します。2～3年はそのようなことが続きました。

今は、贅沢はできないにしても住むアパートと食べるものには困りません。国家公務員を続けていたら2～3か月休んで太平洋横断などという挑戦はできませんでした。そうポジティブに考えられるようになり、ボーナスのニュースを聞いてもショックを感じないくらいになれました。


大きな決断をして実行する過程は、大きな荒波もついてくるものです。何か大きな決断の前に悩んでいる人がいたら、どうか私のエピソードを思い出していただき、大きな波のあとには穏やかな凪が必ず訪れるということを忘れないでほしいと思います。

大きな決断をして
大きな荒波が来ても
後には必ず穏やかな凪が訪れる。

思いのエネルギーが人を変える

私がサンディエゴに移住した理由は、ヨットのメッカであることともうひとつ、ボディエナジーに対して理解がある土地柄だったからです。サンディエゴというよりもカリフォルニア全体が、と言ったほうがいいかもしれませんが。要は西海岸はリベラルで、新しいものを入れていこうという気風が強いのです。お医者さんでも、薬を出すよりは鍼灸で治ればそっちのほうをしたいという人もいるくらいです。

私は「指鍼術」という手技で治療を行います。アメリカでは鍼灸は漢方とセットの資格になります。私は目が見えないので、漢方の色を見て判断するということができません。ですから、鍼だけの技術と知識だけで資格が取れればよかったのですが、アメリカでは漢方ができない私は鍼灸の資格を取ることができませんでした。

しかし、ふと筑波大学の鍼灸科にいる時に治療室があり、そこで治療をさせてもらうなかで、鍼が怖いという患者さんがいたことを思い出したのです。私は鍼が怖いというストレスのある患者さんに無理やり鍼を打つよりも、同じ手技を指でやったほうが効果が高いことを経験上知っていました。特に、海外では鍼に恐怖心を持っているクライアントさんが非常に多かったのです。

そこで、私は「指鍼術」という、指圧やマッサージとは別の、鍼治療の経絡の知識を用いて手技を行うことにしました。

私は指鍼術の他にもライフコーチングもしているので、クライアントさんの様々な悩み相談を受けます。

教員をしていた若かった頃は、この精神的に曲がった生徒は俺が治してやるんだ、いい成績にしてやろう、学校に来させよう、前を向かせよう。治療であれば、腰が悪いのを治してやる、痛みを取って動けるように、楽になるようにしてやろう、そう思っていた時もありましたが、それでは駄目でした。私の「我」が出ているだけなのです。

いま量子力学というものが注目されています。人の思いというのは直接つながっていなくても、地球の裏側まで届く、そう言われています。だから私が、あの人を治したいと思えば、実際に前にいなくてもそれは免疫力を上げるきっかけになるのだということです。生物学的にはエピジェネティクスという概念もあって、人間の思考が実際に人間の遺伝子や細胞の働きを変えるという研究がアメリカでは進んでいます。

ですから、今は「俺が治してやる」のではなく、クライアント自身が治すんだと。それに対して必要なエネルギーを私というアンテナを通して受け取って、それこそ宇宙からの気をクライアントに入れて、宇宙がクライアントを治す。宇宙が治ったほうが良いと思えば、治っていくだろうというスタンスで治療しています。それは責任放棄というわけではなく、私自身がお手伝いできることはほんの僅かなことだということです。

それは社会においても同じです。会社のなかで上司は部下にどう期待を持ち、どう高めてやるか。自分が「わからせてやる」のではなく、相手が自発的に行動を起こせるように手助けをする。スポーツ選手も一緒です。自分の能力を超えたパフォーマンスを起こせる選手は、自分を超えたものを信じて、その力をうまく利用して成し遂げているのです。それは決して難しいことではありません。自分の潜在能力をほんの少し信じてみるだけで飛躍的にパフォーマンスが変わることがあるのです。

思いのエネルギーと
自分を超えたものを信じて
その力を利用して成し遂げる。

リナの純粋な心と私の鈍感な心

妻の苦労や子どものためにと移住したサンディエゴでしたが、当初は資格もなければ、日本では先生と呼ばれていたのがアメリカではただの人で、ホームレス一歩手前の人間なのだと、とても落ち込んでいました。

妻がバイトに行っている間、1歳になる娘のリナを1日中見て、ミルクを作って、寝かしつけて、おしめを替えて……。娘がギャーと泣いても、何が起こったのかわからない、血が出ているのかさえ見えない。もしもの時にこの子を助けられるのだろうかと悩んだこともありました。そこでまた見えないことへのネガティブな悔しい感情が湧いてきて、毎日が限界でした。

仕事もない、車も運転できない、買い物にも行けない、サンディエゴでセーリングができるかと思ったら友達もいない、土地勘もない、ないない尽くしです。差別もありました。

アメリカでは車を持ってない人間は経済的に危ない、お金を払えないような人間だと判断されるということもあって、まだカリフォルニアの免許もなく電車で移動していた私たちはアパートを探しに行くと、その日空室ありと広告されていたにも関わらず、今決まったと言われる有様です。あからさまでした。子連れ、目が見えない杖を持った旦那、しかもアジア人。アメリカの厳しさを目の当たりにしました。フッと仕事をしていた時のことがフラッシュバックして、日本で国家公務員として頑張っていた時のこと、辞めた時のことを思い出し、また落ち込む。そんな日々が1~2年続きました。

それでも、今思えばあの時間は宝物です。おそらく普通のサラリーマンであれば、あれほどの時間を子どもと一緒に過ごすことはできなかったでしょうから。

娘と幼稚園に行くために一緒にバスに乗り、降りたら私の手を引っ張って、私が連れられて行くように幼稚園に行くわけです。でも、幼稚園に置いて帰ろうとすると、娘は離れたくないのでしょう。「あと1分待って、あと1分待って」と。「1分経ったからもう行くね」と言うと、わあっと泣き出した時のあの辛さと言ったらありません。

その幼稚園では親子で一緒にやる日というのがありました。行くと、そこで将来何になりたいかという話になりました。みんな子どもらしく、大リーガーとかアメリカンフットボールの選手、バレリーナや看護師さんと口々に言っていくなかで、娘のリナは「私は医者になりたい、医者になってお父さんの目を治してあげたい」と言ったのです。周りからは鼻をすする音が聞こえてきましたが、私もズルズルでした。

あの年頃から彼女の意識のなかにはそういったものがあったのだと思うと複雑でもあります。普通の家庭の子どものように育ってほしいという思いと、そう考えてくれているありがたさと、親としては半々です。

クリスマスを前にすると、決まって思い出すことがあります。

クリスマスショッピングを終えて帰宅する途中、信号待ちで待っている時に、

「I am homeless, help me」

という大きな看板を背中に抱えて立っている、子ども連れのお母さんを見かけたのです。その日はサンディエゴとしては非常に寒く、しかも雨も降っていました。その時私は、ホームレスの人たちは大変だろうなとは思ったものの、車を降りて何かしてあげようとまでは思いませんでした。

すると、それまで買ってもらったクリスマスプレゼントで興奮し、はしゃいでいた娘が急に静かになったのです。どうしたんだろうと後部座席を向いて様子をうかがうと、シク

シクと泣いているではありませんか。何が起こったのか理解できない私が、

「どうしたの？　なんで泣いてるの？」

と聞くと、娘はホームレスの人たちが可哀想だと涙を流していたのです。

「そうだね、寒いだろうね」

と表面上言っている自分に、ハッとさせられました。その時の私の気持ちは娘がホームレスの人に感じている気持ちとはほど遠く、彼らの痛み、苦しみを少しも感じていなかったように思います。いつからこのように心が鈍感になってしまったのだろうと、純粋な娘の姿に考えさせられました。


アパートに着いてからもまだシクシクしています。しばらくそのままにしておくことにしました。30分ぐらい経ったでしょうか。娘は、私と妻のところに来て、温かいチキンスープを先ほど見かけた人たちに持って行きたいと、棚から缶のスープを出してきたのです。「グッドアイディアだね」と言って一緒にスープを温めて、フランスパンとともに彼女たちのところに持って行ったことが昨日のことのように思い出されます。

今、彼女は13歳になりました。13歳の彼女はバレエで忙しい毎日を送っていますが、いつまでもあの時のように、人を思いやる心を持ち続けてほしいと願っています。

人の痛みと苦しみを
我がことのように感じられる
純粋さと思いやりを持ち続ける。

人生は人との出会いで決まる

サンディエゴに移住して来た頃は、人づてにマッサージを施術してほしいと言われた人のところへ、バスで移動しながら行っていました。私たちはほぼサンディエゴの中心に住んでいたので、朝の早いバスで南に2時間くらいかけて行き、そこで1時間治療して、また2時間かけて戻ってきて、今度は北のほうに1時間半くらいかけて行き、1時間治療して戻ってくるというような毎日でした。

向こうではバス停のベンチに座っているとホームレスだと思われて、バスは通過してしまいます。目が見えればバスが来た時に立てば済みますが、私の場合はずっと立って待ってなければいけない。バスの時刻もいい加減なので、時間を予測して立つこともできません。しかもそれが夏の暑い日なんかだったりすると最悪です。

そんな苦労を妻は見ていたのでしょう。私に治療院の開業を勧めてくれました。移住してきて1年半くらいが経とうとしていました。そうとなれば、まずはマッサージの資格を取らなくてはいけません。

日本では鍼灸とかマッサージというのは目が見えない人が多い職業なので、点字や音声のテキストがあります。国家試験もきちんとどちらも用意されています。ですが、アメリカにはどちらもありません。それがいちばん苦労しました。ですから、まだ当時読み込みが遅かったパソコンで、すべてスキャナーに読み込ませて、時間をかけてテキストを全部翻訳して勉強しました。試験の時も日本の場合は、点字や音声が用意されていますが、アメリカではパソコンにリーダーさんという問題を読んでくれる人が送られてきます。驚いたことにそういう人たちが医学用語を読めないのです。いかに日本の制度が手厚いかというのを改めて感じました。

アメリカが障がい者に対して素晴らしい国だということは、一方的な見方です。それはあくまで、「自分たちは……彼らは……国のために負傷したんだ」という声の大きい元軍人の車いす生活者に対して行われていることであり、そこに障がい者間の格差を感じました。

そんな社会や環境の違いにフラストレーションを感じて辛かった時に、クライアントさんの治療が終わってバス停に向かっている途中、1軒の「野球鳥」という焼鳥屋を見つけました。土地勘がないためジャパニーズタウンや日本食レストランにすら行くこともできずに、知らず知らずのうちに、ホームシックになっていたのかもしれません。そんな時に見つけた「野球鳥」に私は迷わず立ち寄りました。

オーナーは若手の日本人オーナーで、その頃はまだオープンしたてでしたから、彼も非常に苦労していました。オーナーもいい人でしたが、ここの焼き鳥がまた美味しかったのです！　カウンターで食べながら、彼も当時一生懸命だったので、お互い慰め合いながら、『こんなに美味しい焼き鳥が食えるのならやるか！』とサンディエゴに居続けようと思えた大きな理由のひとつになりました。それ以来彼とはビジネスを応援したりされたりの仲です。

開業を考えて、資格を取った後は、開業する場所探しをしなければなりません。はじめは1人で探していました。しかし視覚障がい者にビジネスはできないという社会通念がアメリカにはあるので信用してもらえなかったり、ゾーニングと言ってビジネスができる場所が限られているので場所探しには悔しい思いをしました。役所に行っても係の人によって話が違ったりして、30軒くらい回りましたが決まりません。

結局、ある日本のインターネット会社の女若社長が私のことを聞いて、自分たちの入っているビルに空きが出たからと連絡をくれました。ゾーニングなんかもすべて彼女が調べてくれて、本当に助かりました。

２００９年に開業し、最初は集客に苦しみましたが、2年くらいで落ち着きました。その後は、サンディエゴビジネスグループというビジネスオーナーの会にも参加するようになったり、サンディエゴ日系ビジネス協会にも入り、積極的に外へ出て行くようになりました。ビジネスオーナーの会では毎週木曜日に朝食会があって、そこで情報交換をします。毎週2人ずつメンバーが自分の専門分野について話します。日本人は私だけですが、そうやってアメリカ人のなかに溶け込んでいくというのは、とても大切なことだと思っています。

特に、アメリカはビジネス上の知り合いや仲間がいると安心です。というのもアメリカは訴訟の国です。クライアントとのトラブルなど、ビジネスをやる時には細心の注意を払わなくてはいけません。ビジネスグループには、弁護士から税理士など様々なビジネスオーナーが参加しているので、何かあれば彼らに相談できるという安心感があります。

「縁」というように、やはり人と人のつながりというのは、日本でもアメリカでも同じようにかけがえのないものなのだと思います。人生は人との出会いで決まる、とよく言われます。人との出会いは自らが積極的に行動することで与えられます。

私も内に籠らず勇気をもって外へ出て行った結果、人生を変えてくれるような人たちとの出会いに恵まれたのです。

自ら行動することで
与えられる出会い。
勇気をもって外に出てみる。

幸せの伝染

あなたは、誰かが幸福だと感じていると、その人の周りにいる人も幸福になれると思いますか？　それとも、幸福な人がいれば、そのことに対してやっかみ、周囲の人は不幸になると思いますか？

この答えとして、ハーバード大学のクリス・タキス博士とコウラー博士が行った研究結果について紹介しましょう。研究は、５万人を対象として、幸福がどのように伝わっているかについて調査が行われました。

幸福度の高い人たちを選び出し、その人たちと関わりの深い人たちの幸福度を調査しました。すると、なんと周辺にいる人たちの幸福度も高いということが証明されたのです。幸福感は人から人へと伝わるのです。同じように、不幸と思っている人の周りには不幸な人が集まって来ることもこの研究によって明らかとなりました。

では、あなたが幸福だと思っているとした場合、その幸福感はあなたが直接関わる人にのみ影響するのでしょうか。このことについては、20年間に渡りアメリカのマサチューセッツで行われた研究があります。この研究結果によると、あなたと直接関わる人は15パーセント幸福度が増し、それらの人と関わる人は8%幸福度が上昇するそうです。あなたに10人の知人がいて、それぞれの人にも10人の仲間がいたとすると、あなたは100人に影響を与えられるということになります。

人の感情はネットワークで結ばれ、その感情を持った集団が形成されるのです。私がコーチングでよく説明させていただいている、ポジティブエナジーは波及するということを、科学的に証明してくれたこの研究を知ることができて、私は幸せです。

ぜひあなたも幸福感を味わい、多くの人にそのポジティブさを伝え、ポジティブな集団を作っていきましょう。

この研究を通して私自身、ライフコーチとしての仕事がさらにやりがいがあるものだということを再認識しました。研究に関わってくださった多くの人たちに心から感謝します。

では、幸福感を得るにはどのようにしたらよいのでしょうか。

それには、他人のために何かをやることが重要だそうです。高級な時計や車、バッグにアクセサリーなどの物をいくら持っていても幸福にはなれません。それらを手に入れた時に、瞬間的な幸福感を得ることはできるでしょう。しかし、そのうちにもっといいものがほしくなり、幸福から遠ざかってしまいます。

お金も同様です。1億円持っていても十分とは思えず2億円、3億円とほしくなります。自分の収入のことだけを考え、他人がどうなっても構わず、3億円を獲得するために爆走する。そのなかで、心の平安が訪れることはないでしょう。

ここで勘違いしていただきたくないのは、物やお金が悪いと言っているのではありません。手に入れた後どのようにそれらを使うかが重要なのです。自分のためだけではなく、他人のためにお金や物を分け、与えられた時に、自分に幸福感が戻ってくるのです。

他人に与えることで自分が幸せになれる。このことを皆さん、もう1度心にとどめてください。大切なことは、自分が幸福感を得たいから他人のために分け与えるのではありません。

あくまでも他人の幸せを考えて行動し、彼らがよりハッピーな人生を送っていることを知り、結果として自分が幸福になれるのです。彼らのうれしそうな表情を想像すると皆さんも少し幸せな気持ちになりませんか？

与えるのは物やお金だけではありません。ボランティアなどをやることで自分の時間を与えてもいいでしょう。私は8月の終戦記念日に始めた「Arigato Gathering Project」というボランティアの集会を行っています。「Arigato Gathering Project」とは、感謝の心をシェアする機会を与えることで、より多くの人たちに人生のすばらしさ、生きていることの尊さを感じてもらいたい、より幸せに毎日を送ってもらうことを目的とした集まりです。

あなたの周りにもし困っている人がいたとしたら、その人たちのために自分がやれることは何なのか？

たまにそんなことを考えてみるのもいいかもしれません。

他人の幸せを考えて行動し
彼らがよりハッピーな人生を送ることで
自分が幸せになる。

大切なものは不便なもののなかにある

サンディエゴから成田までのＪＡＬ65便に乗りながら改めて太平洋は大きいなと感じていました。それと同時にヨットでの太平洋横断の再チャレンジに向けてのエネルギーをいただいたような気がしています。

飛行機で行けば12時間くらいで到着してしまうところを約２カ月かけてセーリングする。だからこそチャレンジと言えるのでしょう。

普段の日常では温かい食事、お風呂、映画を見る、といった生活ができますが、ヨットでの生活は、生鮮食料品なし、シャワーなし、インターネットなしのないない尽くしの２カ月なのです。しかし、この２カ月間の旅は飛行機の旅では経験できない多くの楽しみがあります。

飛行機という文明の利器によって、人は目的地により早く、より快適に到着することができるようになり、便利な世の中になりました。一方で、空と海の青さ、星や月の美しさ、雨や嵐の怖さに至るまで、ヨットでしか経験できないことがあるのもまた事実です。

2カ月もかかるヨットでの太平洋横断は馬鹿げていると思う方もいらっしゃるでしょう。しかし、一見、不便だと思われることのなかにはプラスになることもあるのです。

私には視覚障がいであるゆえに不便なことが数多くあります。ですが、「見えないからこそ見えてくるものもたくさんある」のです。これらを活かして皆さんが見えているからこそ見えなくなっていることを指し示す、ライフコーチングをやらせていただいています。不便なことも見方を変えれば、ポジティブに変換することができるのです。

皆さんの人生は飛行機で太平洋を渡るような人生ですか？

それとも、2カ月かけてヨットで渡るような人生ですか？

どちらでもいいのです。大切なのはどちらの人生にも意味があるということなのです。その意味をどんな意味にしますか？　ということです。

例えば今の世の中では、人に会わなくてもメール1本、ライン一言で済んでしまうかもしれません。その1本を伝えるためにわざわざ会いに行く、というのは一見非合理的かもしれませんが、会いに行くことでしか得られないものが必ずあります。だから、人は人に会うのです。

最近はフェイスブックなどSNSの普及によって、今までなら会えないような人との出会いが可能になり、オフラインミーティング（通称オフ会）というものも盛んに行われているようです。人は、ネットワーク上だけではなく、会うことによる人と人とのつながりや絆のようなものを感じたいと思い、それを求めているに違いない、と私は思っています。

会うことでしか得られないもの
人と人とのつながりや絆を
肌で実感すること。

あなたにできることが必ずある

2011年3月11日、あの東日本大震災が起こった時、私はカリフォルニア州サンディエゴの自宅アパートにいながらそのニュースを聞いていました。津波が家や車をさらっていく様を、妻に説明してもらいながら息を呑み、じっと聞いていました。大きな漁船だろうか、船がビルの上に乗っかっているという描写を聞き、津波の恐ろしさに衝撃を受けていました。何ということが起こるのだ、人はどうなっているんだ。心臓がドキドキと拍動を速めるのが自分でもわかりました。

さらに日が経つにつれて、津波被害者のことが報道されるようになり、亡くなった方々の人数に加えて、生き残った人たちの経験や思いが私の耳に入ってきました。

黒い壁のような津波が電信柱をなぎ倒しながらやってきた、必死で坂を駆け上がりやっとの思いで助かったという中学生、私だけがなぜ生き残ったのか……握っていた妹の手が離れて彼女は悪魔の津波に流されたと悔やむ高校生の声、私は居ても立ってもいられませんでした。

彼らの話を聞きながら、このような経験をしている人たちがいるなかで、果たして自分はこのまま楽しく海でセーリングをしていていいのだろうかと悩みました。しばらく海から足が遠のいたことも確かです。

しかし、そのうち『津波の被害者の方たちに自分がやれることはなんだろう』と考え始めました。そして、津波の経験から家族をさらっていった憎い海に対して恐怖を感じている人々に、「海の素晴らしさ」を再び感じてもらいたい、と考えたのです。

そうだ！ 小さなヨットを彼らに贈り、そのヨットで海に出て、太陽の下で風を受けながらセーリングを楽しんでほしい。時間はかかるだろうが、1人でもそのような人が出てくれればありがたい、と。

それから私は行動を開始しました。チャリティを始め、ハーフマラソンを走り、寄付金を募りました。私は目が見えないので、マラソンを一緒に走ってくれるガイドが必要です。そのガイドを、当時大リーガーで地元サンディエゴのパドレスというチームのピッチャーとして活躍し、ワールドベースボールクラシック（ＷＢＣ）で日本を優勝に導いた胴上げ投手でもある大塚晶文さんが、私のチャリティの思いに賛同してくださり、引き受けてくださったのです。

苦しい上り坂をもう歩きたいと思いながら、頑張れ東北、頑張れ福島……と言っていると自然と力が湧いてきて、歩くことなく完走することができました。多くの方々から募金をいただき、2013年のブラインドセーリングの出発前に福島の子どもたちに2艇のセールボートを寄贈することができました。

そして寄贈先の高校生からは、『自分たちのセールボートは流されたり、壊れたりして使えるものがなかった。このように新艇をいただき、また海に出られることがうれしい。もっともっと練習してレースで優勝したい』とメッセージをいただきました。目が見えない自分でも貢献できることがあると思える、本当にうれしい言葉でした。私のほうが多くのものをもらったのです。

そしてとてつもなく悲しい出来事があったとしてもポジティブな思いをもって行動していれば、協力者は必ず現れ、実現されることを再認識することができました。これも多くの方たちのおかげです。この場を借りて心からお礼を申し上げたいと思います。

このセールボートでセーリングを楽しみ、「怖い海」を「素晴らしい海」としてまた記憶を書き換えてくれる人が、1人でも多く出てきてくれることを、心から願うばかりです。

ポジティブな思いを持って
失敗やハンディがあっても
行動していれば協力者は必ず現れ
夢は実現する！

第五章 チャンスは掴める

チャンスの掴み方

「間寛平さんがアースマラソンに使用したエオラス号を使って太平洋横断をしたいという人は編集部までメールをください」

という記事が、ヨット雑誌であるＫａｚｉに載ったのが２０１１年12月号でした。私は、音訳ボランティアによって録音されたＫａｚｉを毎月欠かさず聴いています。

これは私のために書かれた記事ではないか、と興奮しながら震える手で太平洋横断に向けての熱い思いを滔々と応募のメールに書いたことを覚えています。

エオラス号のオーナーは寛平さんの元マネージャーで、その頃吉本ディベロップメントという、吉本興業の関連会社の社長である比企さんという方でした。私のメールが編集部から比企さんに渡り、私の熱い思いを込めた長々としたメールが功を奏したのか、比企さんの心を打ったようです。

私はずっと太平洋横断のチャンスがないかを、頭の片隅に置きながら日々を過ごしていました。ですから、この話をＫａｚｉで知った瞬間からメールを送るまでの間、迷いはありませんでした。チャンスを掴めるか否かは行動ありきだ、とつくづく思います。よく『幸運の女神には前髪しかない』と言われます。通り過ぎたチャンスは掴もうとしても掴めないということです。

チャンスを掴むために行動する、ということがいかに大切か。チャンスは必ずあります。そして行動を起こすためには意識まで落とし込んで、常にアンテナを張っていることも大事です。それは普段の生活でも同じです。心のフットワークが軽ければ、チャンスを掴める可能性は高くなります。

アメリカのビジネスマンはよくＰＤＣＡと言います。Ｐ＝計画、Ｄ＝実行、Ｃ＝評価、Ａ＝改善、です。でも計画計画と言ってばかりいても、やってみなければどれだけやれるのかなんてわかりません。ですから、私はＤＣＡＰ（ディーキャップ）と言っています。まずやってみよう、と。考えるよりもまず行動することで、自ずと道は開けていくと思っています。

幸運の女神には前髪しかない。
常にアンテナを張って、行動すれば
チャンスは掴める。

悩んでいる時こそ広い視野で

２０１２年の５月には日本から比企さんがサンディエゴに来てくださり、一緒に私のセーリング仲間の45フィートのヨットで海に出て、私の船上での動きを見てもらうことになりました。

船首でロープワークを終えて、ライフラインを伝って船首から船尾に移動したり、音声コンパスを聞きながら舵を取ったりしているところを見てもらいました。

コンパス角度が２、３度ずれると神経質に元に戻そうとしている私を見て「太平洋上ではそんなにちょこちょこ進度変更はしないから、もっとゆったりと構えていいよ」と私の、こんなにできるんだとアピールしているのを見透かしたかのような、鋭いコメントでした。

その言葉を聞いて思い出されました。

私がヨットにはまった理由のひとつが、通常の道路では運転できないけれども、海では操船ができることでした。サンディエゴ湾内では、行き来している船は多いし、ブイやいかだなどの障がい物もあり、操船はできますが晴眼者からのフィードバックが必要となります。

しかし、太平洋の真ん中では、ぶつかるものは何ひとつない。この太平洋の懐の大きさは、全盲の私にはありがたい限りです。操船できる自由を与えてくれているのですから。

地上で、特に都会のなかで生きていると、この太平洋の懐の深さを忘れてしまいます。地上では人と常に競争し勝ったら自分を誇り、負けたら相手を憎む。いつか、地上で起こっているあなたの問題、悩みや苦しみを、目の見えない私が操船できる海から見てほしい。あなたが考えているよりずっと懐の深い太平洋から見てみると、それほど気にすることではない、小さなことだと思えるでしょう。

全盲の私に操船の自由を
与えてくれる太平洋から見れば
人の悩みや苦しみは小さい。

人のために起こした行動は勇気と感謝を生む

ダブルハンド（2人で乗り込むこと）で太平洋横断にチャレンジするのであれば、私の相棒を誰にするかということが課題となりました。

そんななか、ヨット雑誌Ｋａｚｉに毎月連載で記事を載せているニュースキャスターの辛坊治郎さんが太平洋を渡りたいと書いていたので、この人にお願いしてみてはどうか、というアイデアが出ました。

一般人である私が相談に行っても辛坊さんに相手にされる自信がなかったので、吉本興業の関係者として比企さんに「ぜひ打診してください」、とお願いしました。

その時は、99％無理だろうと誰もが思っていたのですが、後に辛坊さんによると……この話が来た時から心のなかでは即決だったそうです。

しかし、当時辛坊さんは読売テレビのレギュラー番組に加えて、複数の雑誌に連載記事を書いており、非常に多忙でした。これらの仕事の関係者にどう伝え、理解を得るか、しばし時間がかかりました。

読売テレビの人気ニュースキャスターであった辛坊さんは、その数年前に独立され、仕事も増えて、年収が普通のサラリーマンの生涯収入近くありました。『自分はこのままでいいのか、もっと人のために何かしなければならないのではないか』と自問自答していた頃に、このブラインドセーリングの話が舞い込んできて、これだと思ってくださったとのことでした。

余談ですが、太平洋横断に失敗した当時、「辛坊治郎はテレビ企画のために視覚障がい者を巻き込んだ」との批判がありましたが、真相はこの通り逆です。私が希望し、辛坊さんが意気に感じて参加してくださったのです。

その後、読売テレビで検討がなされ、このチャレンジを55周年特別番組としてドキュメンタリー化することが決定され、読売テレビを中心とした様々な企業が出資してブラインドセーリング製作委員会が発足し、本格的に動き出しました。

2012年の年末には、辛坊さんをはじめ読売テレビの関係者の方々がサンディエゴに来て、私と辛坊さんとの初対面のシーンや、セーリングする場面をカメラに収めていきました。エオラス号と同じ種類のヨットをロサンゼルスから拝借し、あらかじめサンディエゴに持ってきてあったＭｉｓｕｍａｒｕでセーリングすることができました。

ヨットは重いですが、安定感に優れたものでした。同じ大きさでも私がよく乗せてもらっているのはレース用で、非常に軽く人が乗り降りすると簡単に揺れるものでしたが、このヨットはびくともしない。これだったら、荒天で風が強くても波が高くても大丈夫だと思わせてくれるものでした。

この取材の期間を通して、わがままでしかない私の夢の実現に向けてこれほどまでに多くの人たちが動いてくださっていることに、ただただ感謝しかありませんでした。

夢の実現に向けて
多くの人たちが動いてくださったことに
ただただ感謝。

慣れないからこそ地にしっかりと足を付ける

2013年3月13日、東京新宿の吉本興業本社で多くの記者の方々を前に、ブラインドセーリングプロジェクトの記者会見を行いました。私にとって初めての記者会見となり、あのカメラのパシャパシャパシャっという音に驚かされ、緊張で心臓が飛び出しそうな感覚でした。

辛坊さんに「リラックスして」と言われて、何とか終えることができましたが、終わった後は、何を喋ったのかほとんど覚えていません。次の日の多くの新聞にこの件に関しての記事が載っており、その注目度に驚いたのを覚えています。

記者会見が終わるとすぐに東京駅から新幹線に飛び乗り、福島中央テレビの生番組に出るために移動しました。日本の最終的な出発地が福島の小名浜港であり、被災した人たちの思いを船に乗せて、太平洋横断をしたいというPRをしに向かったのです。生放送が終わるとすぐにタクシーに飛び乗り、今度は伊丹行きの最終便の飛行機に乗るために福島空港に向かいました。分刻みで動くこのスケジュールをこなしている自分に舞い上がり、スターになった気分でした。

このことは、今となっては反省点です。様々な企業やメディア、ドリームサポーターが集まってくれたことにはとても感謝しています。ですが、そのことに浮足立ってしまい、集まってくれたからこそもっと慎重に、地に足を付けて準備するべきだったと思っています。

うまくいっている時こそ
感謝を忘れず
地に足を付けて行動する。

不安に飲み込まれず、自然と一体化する

出航前日の6月16日。朝から雨が降っていました。出港式までには雨が止んでほしいと願いながら、時間を過ごしたのを覚えています。

東京から、私が太平洋横断を夢に据えたきっかけを作ってくれた、日本視覚障害者セーリング協会の仲間も応援に来てくれていました。サンディエゴの私のクライアントも来ておられることを知り、驚くと同時に、このプロジェクトの大きさに身の引き締まる思いでした。また、我々のドキュメンタリーレポーターになってくださっていたゴールドメダリストの高橋尚子さんからは応援だけでなく、なんと手作り弁当までいただきました。

被災された方々に見送られて、エオラス号は岸壁をゆっくりと離れて行きます。被災された方々を勇気づけて出港しようと当初考えていたのが、逆に勇気をいただいてからの旅

立ちとなりました。

サンディエゴに向けた55日間の冒険の始まり……でしたが、3カ月間辛坊さんとトレーニングを積んできたとはいえ、2人きりでセーリングするのは初めてであることに気がつきました。不安でした。みんなの前でヘマをやってはいけない、と緊張していたこともよく覚えています。皆さんに手を思いっきり振りながら、不安を打ち消すように自分に言い聞かせていました。『大丈夫、大丈夫、』と。

またそれとは相反するように、私の夢の実現に向けての第一歩を踏み出せたことへの充実感もありました。

「これからサンディエゴまでよろしくお願いします」知らず知らずの内に言葉が出ていました。「こちらこそよろしく」辛坊さんの声もどこか、日本を離れた寂しさとこれからの挑戦に向けた思いとで、複雑な声であったことを思い出します。

「辛坊さん、陸はまだ見えますか」早く日常の陸を離れて太平洋で自由になりたいという思いと、何か起こったら地上から簡単に助けに来てもらえなくなるのだという複雑な思いで聞きました。「もうほとんど見えないね」辛坊さんのその言葉を聞き、不安はありましたが、どこかふっきれた思いにもなりました。後戻りはできない、先に進むしかない、サンディエゴまで頑張ろうと。

周囲には海以外の気配がなくなりました。海、海、海。ただ1艇を除いては。それは私たちのドキュメンタリー制作のためのボートでした。翌朝まで並走して、朝日のなかでのエオラス号を撮影した後に帰港します。

2人だけの太平洋横断と言っても信じてもらえず、多くの人は並走して援助してくれるこのような並走艇がいたはずだと思っている人も多かったことでしょう。翌朝、朝日とエオラス号を撮影し終えたその船は、小名浜港に向けて戻って行きました。

本当の2人っきりです。その朝はすっきりと晴れ、清々しい朝日を浴びました。しかし、今後の気象予報からするとこの素晴らしい天候もつかの間、厳しい状況が我々に向かって接近して来ているのも知っていました。この状況から一転、台風並みの悪天候が来るとは信じられません。それほど私たちは素晴らしい日差しをたっぷりと浴びていました。

私たちのチャレンジを無意味なものだと感じている人もいるでしょう。飛行機でたった12時間のところを、わざわざ2カ月かけて行くのは時間も労力も無駄だと。

しかし、私は船上でしか味わえない世界があることを知っています。宇宙に浮いているような体感、夕暮れの寂しさ、イルカの声、太陽の光が顔に当たる温かさ、心地よい風が吹き、ヨットが水を切って走る音、目が見えるのであれば星空。五感すべてが自然と一体になると、自分は自分ではなくなり、宇宙の一部だと思えます。人の潜在的能力の高さを実感する瞬間でもありました。私は時間や効率、合理性だけでは決して計れないものを、ただ感じていました。

宇宙のエネルギー、自然との一体感……
時間や効率、合理性だけでは
決して計れないものがある。

訓練したこと、努力したことは決して無駄にはならない

予報が外れてほしいという思いとは裏腹に、午後からどんどん天候が崩れていきました。このまま東に進むと2日後に大きな台風崩れの低気圧に遭うので、とにかく南に逃げろ、との指示が気象予報士からありました。しかし指示のあった進路からは強風が吹いてきています。エンジンのスロットルを上げて吹かしても、重いエオラス号はほとんど先へは行けない状態でした。

東に、アメリカに向けて穂先を変えるとスイスイと進み始めます。どうしてアメリカから離れた方向に、しかもエオラス号が嫌う（止まってしまう）方向に進まなくてはいけないんだ。どうなってもいいので1日も早くサンディエゴに着く東に進度を向けたい、という誘惑に駆られてしまいます。加えて、風に向かっていく南に進度を取ると、エオラス号

がかなり傾いてしまう。それに比べて、東に向けると右横から風を受けることになり、傾きも軽くなりました。

この葛藤は通常の地上で日常生活を送っている時には感じることのできない心理状態でした。それでも、私たちはエンジンの回転数を上げて南に行こうと試みます。すると、燃料を補給しないといけない。この時だけはエオラス号をフラットにさせる必要があり、アメリカに向けて進みました。

それでも波が高く、たまにコックピットに海水が入ってきます。燃料タンクの口はコックピットの床にあり、ここを開けてホースを入れ、燃料を足す必要がありました。燃料タンクに海水が大量に入ってしまうとエンジンがいうことをきかなくなります。

どうぞしばらくのあいだ波さん落ち着いていてくださいと願いつつ、蓋を開けて給油しているとバシャッと海水が入り、ホースを押さえていた手に緊張が走りました。なるべく海水をタンクに入れないようにと無意識に力が入ります。何とか海水がタンクに入るのを防ぐことができ、ほっとしました。

仕方がない、このまま東に進もう、辛坊さんと共に決心をしました。気象状況と船の状態から一見楽に見える東に進むことを選んでしまいました。『何とかなるだろう……』と。私も辛坊さんも精神的に負けた瞬間でした。低気圧に突っ込むことは重々わかっての決断です。本来であれば、やはり南に向かうべきだったと思います。低気圧に入ってしまった時のことを思うと、自然と『神様、どうぞ低気圧の進度を変更して我々とぶつからないようにしてください』と心から嘆願していました。

しかし結局、祈りは聞いてもらえませんでした。徐々に風と波が増していきます。風と波が強くなると船首の帆を小さいものと交換し、メインセールを縮反しなければならない。デッキでのこれらの作業はすべて私の仕事です。命綱を付けていざ、船首にむけて移動を始めました。立って歩けるような状態ではありません。

1歳児のハイハイ同様の格好で、両手でしっかりと掴まりながらゆっくりと進んで行きます。すると急に頭から波がバシャッと覆いかぶさってきて、体全体を船体に投げつけられました。両手でしっかりと支持していたので良かったものの、そうでなければ波と一緒に流されていたかもしれないと思うと、ヒヤッとした瞬間でした。

いくら命綱をつけていても、1度船から落ちてしまうと甲板に上がることはほぼ不可能です。辛坊さん1人で引き上げるにも重過ぎて困難なのです。

支えている手にさらなる力が入ります。オイルスキンの合羽を着ていても、頭からびしょ濡れです。縦揺れだけであれば、何メートルの波であってもまだ体を支えやすいのですが、横から当たる波があると横揺れがひどくなり、また風が瞬間増せば横に倒れる角度が増し、常に縦にも横にも揺れているので、体も振られ少しでも油断をすれば、海に投げ出されてしまいます。

マストにやっとたどり着いて、フ――ッと大きく深呼吸をして今までやってきた訓練のことを思い出します。ひとつのミスも許されません。命取りになってしまうからです。

失敗しても波や風が弱い時には何度でもやり直すことができるし、ミスによるダメージは少ない。しかし、悪天候ではそういうわけにはいきません。風が強いということは帆に大きな力がかかっており、それを支えているロープにはさらに強いテンションが加わっています。ロープを外すタイミングを少しでもミスし、ロープに手や足が絡んでしまえば、吹っ飛んでしまうかもしれません。降ろしたセールに間違って足を踏み込んでしまえば、滑って波と一緒に海に体ごと持って行かれてしまうでしょう。

一連の作業プロセスを頭に思い浮かべながら、ビジュアル化していきます。見えなくてもこのメンタルイメージ、ビジュアル化は非常に大切になります。訓練してきたこと、努力してきたことは決して無駄にはなりません。それらは、試練や困難に耐え得る精神力をもたらしてくれます。一連の作業を終えて、コックピットに戻って来た時には疲労困憊していました。

辛坊さんの「お疲れ様」という言葉に癒されたのは、いうまでもありません。辛坊さんはその時、私の動きに対して一番好ましいエオラス号の動きを舵を取りながら作ってくれていたのです。

訓練や努力は
物理的な厳しい試練に
耐え得る精神力をもたらす。

悲しい時や苦しい時にこそ、ありがとう

びしょ濡れになった私は、上下すべて着替えなくてはなりません。上半身4枚、下半身3枚すべて。片手は壁を支えながら、もう片方だけを使って着るものを脱いだり着たりしなくてはなりません。乾いたものに着替え終わった頃には、これまで感じたことのない爽快感がありました。

4～5日目にも関わらずずっと天候が悪かったせいもありますし、多くの時間塩水をかぶって過ごしていたこともあって、皮膚がかゆくて仕方がなかったのです。特に、お尻の皮膚が顕著でした。常に座っている状態で体重がかかっており、空気と接する時間も少ない。着替える時にはかゆい部分の皮膚に、比企さんに教えてもらっていた軟膏を塗って対処しました。やはり先人からのアドバイスはありがたいものだと感謝の気持ちでいっぱい

でした。着替えて体を横にして休みます。

風が強いためにデッキ上で色々な音がしました。マストが倒れてしまうのではないか、小さな部品が壊れてしまうどころか船の壁自体が波に壊されて、てんでばらばらになってしまうのではないか……。普段は人にポジティブを唱えておきながら、初めての厳しい状況に直面し、ネガティブな思考のスパイラルに入ってしまいました。そうなると、悪いことばかり考えてしまいます。

そんな怖い怖いとびくびくしていた時に、フッとまた自殺しようとして、でもできずに公園のベンチで寝ていた時のように、言葉が降りてきました。

『いま命が与えられていることにありがとう』

『こんな波のなか頑張ってくれているエオラスにありがとう』

そうしたら、不思議とそれまでの不安や恐怖がすーっと消えていき、精神的に楽になったのです。

楽しい時やうれしい時にありがとうと思う人は多いでしょう。しかし、悲しい時や寂しい時、苦しい時にありがとうと思う、言える人はきっと少ない。そのような時だからこそ、感謝することを思い出し、言ってみることにより不安感が消えていく。それを身をもって学んだ瞬間でした。

出港して6日目、6月21日午前7時過ぎに、ゴーーン、ゴーーン、ゴーーンという音がして、ヨットの右下から突き上げられるような感覚を覚えました。私はなぜだかわからないのですが、すぐにクジラだと思いました。私は見えないから他の感覚が鋭くなっていると自分でも思います。口では説明できない第六感というものが備わっているような気がするのです。

辛坊さんは眠ってしまわれましたが、私はヨットがダメージを受けたと判断し、音の変化に集中してもしもの時に備えていました。すると船内に海水が入ってくる音が聞こえ始めたのです。『やばい！』と思い、床板を急いで剥いで手を突っ込んでみるとなんと、海水がどんどん入ってきているではありませんか。

「辛坊さん、浸水です！」と言っても反応がありません。それほど深い眠りにつかれていたようです。私に第六感が与えられず、クジラにぶつかってヨットがダメージを受けたということを感じていなかったら、私も辛坊さん同様、熟睡して、そのままエオラスと共に太平洋の底に沈んでいたことでしょう。

それと、もしも夜中に事故が起きていたとしたら、全盲の私はともかく、救命ボートを出してくれた辛坊さんがうまく救命いかだを準備して日本への連絡をし、我々は救命いかだに乗り移れたのかと考えると、明るくなってからの衝突であったから、我々の命はあるのかもしれないと思うのです。

『命にありがとう』
『エオラスにありがとう』
ネガティブな感情を癒す感謝の言葉。

あきらめない気持ちに奇跡が寄り添ってくれた瞬間

浸水に気づいて救命いかだを展開し、10時間漂流した後に海上自衛隊に救助していただきました。海上自衛隊の日頃の厳しい訓練なしには、私たちは救助されていなかったことでしょう。

US－2は、海に着水できる国産の救難飛行艇です。しかし、その飛行艇にも1回に飛べる距離があります。今回の事故は、福島から出発して約1200キロ離れた海上でした。厚木基地を出発してレスキューにあたったUS－2は、最大の飛行距離を駆使して救助に来てくださいました。実際、初めに救助にあたった飛行艇は、波が高くて着水できず、燃料切れのために基地に戻って行きました。もう1日アメリカに向かってセーリングしていれば、US－2ですら助けに来られない距離だったのです。

台風に追っかけられていた私たちは、事故の前日は5メートルの波と15メートルの強風域のなか戦っていました。事故当日はやや落ち着きそれでも4メートルの波はありました。飛行艇が着水できるのは3メートル前後です。海上自衛隊は、夕凪を期待して2機目を送ってくださったのです。その間も救命ボートのなかはただスーッと浮いているだけではなく、時折ドーンと違う方向から波が来ます。とにかく寒くて怖かったことを覚えています。

2機目のUS－2が回旋して着水を試みているのが聞こえてきました。前回のUS－2と同様飛行艇の音が消えていき、『あーまた戻って行ったのか』とガッカリしていた時に、ウォーン、ウォーン、ウォーンと音が聞こえたかと思ったとたん、「大丈夫ですか、大丈夫ですか」という自衛隊員の声が…。

ゴムボートで駆けつけてくださったのです。ゴムボートに乗り移りUS－2まで無事に運んでもらいました。荒れた海のなかの軽いゴムボートの操船は難しく簡単ではありません。ちょっとでも横から波を受けるとたちまち転覆してしまいます。

無事にUS－2に乗り込めたのが午後6時半頃で陽はかなり沈みかけていました。暗いなかでの着水なら、救助はほぼ不可能だったでしょう。しかし幸運なことに私たちがレスキューされた日は昼間が1年で最も長い夏至の日だったのです。少しでも早く太陽が沈んでいれば2機目のUS－2も戻っていたことでしょう。

私たちは命を失ってもなんらおかしくない状況でした。奇跡が与えられて、今この命があります。多くの人に助けられて生かされたこの命を大事にして、命の大切さを多くの人に伝えていくのが自分の使命だと考えています。

奇跡が与えられて、今あるこの命。
命の大切さを伝えたい。

第六章　挑戦は何度でもできる

あきらめない生き方

事故後、自衛隊に救助された私たちは「自己責任」という観点からメディアや世間に叩かれ、目が見えないのになんて夢を持ったんだと非難されました。そして、このような冒険をやりたいと言い出した自分を責めました。私がこんな夢を思いつかなければ、辛坊さんもこんなに叩かれることはなかったのに、と。

ご迷惑をおかけした方々のことを思い、悲しみと苦悩の日々が続き、しばらく鬱のような状態になりました。セーリング仲間に誘われても海に行きたくない……怖いという恐怖感が思い出されるのです。

そして、何より、エオラス号には福島の被災された方々からお預かりした手紙が乗っていました。水に溶ける紙に、まだ見つかっていない家族や亡くなった家族に対して手紙を書いてもらい、それを太平洋の日付変更線のところで1枚1枚読んで流す予定でした。少しでも心が整理されたり軽くなってくれたらという思いから、預かった大切な手紙でした。

心を軽くしてもらおうと思って計画した手紙を沈めてしまって、被災者の皆さんの海への恐怖感を一層強くしてしまったのではないか、申し訳ない……、それだけを考えていました。それが、私が塞ぎ込んだ一番の原因でもあります。

そんな私に、妻や娘、友人たちは、やっぱりもう1回やるべきだよと言ってくれました。何度失敗しても、それこそ立ち上がってやり続ければいいと。周囲の言葉に励まされ、少しずつ心の整理をしていくなかで、見えなくなったことに意味があるように、今回クジラがぶつかったことにも何か意味があるのじゃないかと考えるようになりました。

海の怖さを知らない人間が、津波の被害を受けた方々に、悪い言い方をすれば表向き、口先だけで「大変ですよね」「私は頑張りますよ」「太平洋はまた君たちを待っていますよ」と言うのではなく、もっとその言葉に重みを持たせるために、わざわざクジラがぶつかり死なずに助けられた、という意味があるのかもしれないとも思います。そして、克服すべき自分なりのトラウマというかPTSD（心的外傷後ストレス障害）を作ってもらった気もします。失敗したところからまたやれるのかやれないのか。そこであきらめて逃げれば

「お前は言っていることとやっていることが違うじゃないか」という、試練を与えられたのです。

あの事故なしに太平洋横断を成功させていたら、失敗してから後の多くの方々との出会いはなかったでしょうし、どん底から立ち上がった私の今のメッセージを送ることはできなかったでしょう。失敗は成功というステージに上がるための一歩であるということを、多くの人に体験を持って伝えるために、そして何より自分自身を試すために私は再び太平洋横断にチャレンジします。

挑戦することをあきらめないでください。生きているというだけで十分素晴らしいのです。命を失いかけた経験をしたからこそ、それがわかります。生きていれば何度でもチャレンジできます。あきらめないで。このことを若い方々に伝えたい。どの瞬間にも意味があります。そのことが私を前進させてくれます。

失敗したからといって、リベンジしない理由にはなりません。夢に向かって、一歩を踏み出したいと思います。

失敗したからといって
リベンジしない理由にはならない。
夢に向かって、一歩を踏み出す。

信頼関係を作るために必要なことは?

冒頭にもあるように、私は2019年2月から約60日間かけて太平洋を横断し、4月に福島の小名浜港に到着予定です。その60日間は、ノンストップで進みます。ハワイに停まることも、夜中に動きを止めることもありません。とにかく進み続けます。

航海の間には、嵐や大雨、強風にぶつかることもあるでしょう。あるいは、風が全くない状態に数日間さらされることもあるかもしれません。風がないことも、嵐にぶつかることと同じくらい大変なことですが、私たちは進みます。

ダグことダグラス・スミスも、太平洋を航海するという夢を以前から持っていましたが、セーリング仲間にその夢を話しても、いい反応はもらえませんでした。そんな時私の話を聞いて、ダグは私に「私たちは同じ夢を持っている。君はヨットの操作をわかっているし、私はきちんと見ることができる。良いパートナーシップになると思わないかい」と言ってくれました。

彼と出会えたことは、本当に幸運でした。ダグは訓練や練習もかなり積んでいます。ただ彼はまだ遠距離航海においては初心者という域を超えていないところがあります。前回もそうですが、私のほうが外洋経験があります。正直、パートナーはプロの人のほうが良かったのか……と揺れ動いた時もありました。だけれども、健常者が障がい者を連れての挑戦ではなく、健常者と障がい者の垣根を越えたチャレンジをしたい気持ちが強く、ダグとの航海を決心することができました。

そして、自分に対して自分をどれだけ信じられるのかと問いかけ、自分を信じて同じだけ相手の能力を信じればやれるのではないか、という結論になったからです。ダグが私の技術を信頼し、彼は私の目になる。ダグは、落ち着いているし動じない。計画性があり、実行するためのプロセスもきちんと把握しています。さすが成功したビジネスマンだなと感心します。

私はよく講演会などでも、「DREAM」を叶えるための5つのヒントについて話します。Dはディレクションで、目標を立てて人生の方向性を決めるということ。Rはリレイションシップで人間関係。Eはエンバイロメントで、変えられない環境を変えようとするのではなく、環境を見る角度を変えてみるということ。もしかしたら幸福はもうあなたの心のなかにすでにあるのかもしれません。Aはアクションで、行動するということ。Mはミーニング、すべての出来事には意味がある、ということです。ダグとのことはまさにRのリレイションシップ、人との人間関係をどう築くか。それがドリームサポーターともつながっていきます。

よく「信頼関係はどう作ればいいのでしょうか?」と聞かれますが、それは、ある経験を通して、もしくは一緒に何かを経験することで結果として「この人を信じられる」という強い意志が生まれてくることだと思います。

そうは言っても、裏切られることもあるでしょう。傷つくこともあるでしょう。共に何かを経験することすら、怖いと思う人もいるかもしれません。ですが、裏切られるまでのプロセスで努力したことや、達成感、人との出会いが、きっと「生きる」ことにプラスになります。

毎日がハッピーではないかもしれない、うまくいかなくてモヤモヤしたり、落ち込んだりすることもあるでしょう。しかしそれは永遠に続くわけではありません。例えば誰かがあなたに寄り添って、気持ちを酌んでくれたとしたら、それだけできっとあなたは救われます。

もし怖くて外に出ることができない、人と会うことが苦手だという人がいたなら、ほんの少しの勇気を出して、半歩だけでも外へ出てみませんか。私が伝えたいのは、人が持つ無限の可能性です。あなた自身が自分を信じて、人を信じて、行動してみてください。そこにはきっと新しい世界が広がっています。

あなた自身が
自分を信じて、人を信じて
行動すれば世界は広がる。

あなたは人に裏切られても、また人を信じますか？

アメリカは車社会なので、バスを利用する人は経済的に貧しい人が多いというのが現実です。移住した当初は、妻もカリフォルニア州の免許を持っていなかったですし、当然私も目が見えないので運転はできません。ですから、クライアントさんのところまではバスを利用していました。

ある日、私がバス停に行くとホームレスがいて、

「ベンチか？　そこから2歩進んでこちらを向いて座れ。そこにベンチがあるから」

と言ったので、私はその通りに座りました。すると、彼が、

「あぁ、お前は俺が言った通りにしたんだな、お前は俺を信じたんだな」

と言いました。

そして、彼は自分のことを語り始めました。自分はニューヨークにいてビジネスはうまくいっていたが、突然共同経営のパートナーに騙されて、訴えられて、お金をすべて持っていかれてしまった。一文無しになって、ニューヨークの地下鉄にいたんだけれども、冬は寒い。だから、温かいサンディエゴにやって来たんだ。もう人は信じられなくなったんだ。と涙ながらに話した後に、自分は人を信頼するということを忘れていた、人を信頼することがいかに大切かということが今更ながらわかった、と話してくれました。

「私も目が見えなくなった時はそうだったけれども、今は人を信じて生きるしかない。お金にしても、アメリカのお札はみんな同じ大きさだろ? 日本はみな大きさが違うし、手で触るとわかるようになっているんだ、だから、このアメリカで100ドルだと言って1ドル札を出されても私はわからない。私は言われたことを信じているんだ。それでしか生きていけないんだ」と言うと、彼はさらに泣き出しました。

私は、お札は折り方を変えて持っています。だから、出す時はわかります。でも、もらうお金は相手を信じるしかないのです。そうすると彼はこう言いました。

「君は裏切られてもまた信じるか?」

私もどこかで裏切られるようなことがあるかもしれません。そうすれば、一時的には信じられなくなって、しばらくは相手を疑ってかかるだろうと思います。でも、人というのは根本的には、いい人だと思うのです。だから、

「私はまた人を信じられるようになるだろうね」

と話しました。それと同時にそういう風にまだ人を疑ったことがないということは、そう思わずに済んだ人生があったということです。それに対しては、やはり感謝しかありません。そして、彼に言いました。

「信頼というのは対他人だけではなく、自分自身を信頼していくことでもあるんだ」

と。私の体験やチャレンジを通して、一番大切なことは、自分を信じて、それをやれるという自分を信じて、努力していくことだ、すると人生がちょっとずつプラスになっていくと思うよ、と話しました。

彼は、深い深い孤独にいたのだと思います。

「他人との信頼だけではなくて、自分への信頼も大事なんだ。だから信じてみてよ。自分を信じて生きていけば、何か開けてくると思うよ」

と言って、私はバスに乗って帰りました。

彼は私と話しながら、社会的に弱い立場であろうと思われる私に、自分の弱さを重ねたのかもしれません。それでいいのです。これこそが、私が視覚障がい者であることに意味があるという、証拠でもあります。

あれ以来、バス停で彼には会いません。まさに一期一会。彼が少しでも人を信じられるように、いいえ、もしかして自分を信じられるようになって、世界が開けてくれたのならこれ以上うれしいことはありません。

他人を信じるだけでなく
自分を信じることも大事。
そうすれば、世界が開ける。

ネガティブがポジティブに変わる時

目が見えなくなった時もクジラにぶつかった時も、人生で最悪最低のネガティブな状況です。ですが、そういったことへの意味付けを少しずつしていくと、自然と心のなかが整理されて、じわじわとポジティブになっていきます。

クジラがぶつかって、最初は、

『何で俺の夢を邪魔するんだ』

『どうして俺なんだ』

と目が見えなくなった時と同じように思いました。ですが、今では、天なのか神なのかそれは人それぞれ違うと思いますが、そういった力が働いたのではないか。都合が良いかもしれませんが、より強いインスピレーションをもっと多くの人に私が与えられるようにするために、クジラが私たちのヨットにぶつかるよう作用したのではないか、と思っています。広い太平洋でエオラスとぶつかったクジラに文句を言っても何の解決にもならない。むしろ、そのことは必然だったのではないかとさえ思うのです。

ネガティブな出来事は誰にでも訪れます。しかし、ネガティブな過去にいつまでも捉われているのではなく、それを少しずつでもポジティブに変えていくことがいかに大切であるかということを、変えていくことでしか生きられなかった全盲の私は知っています。過去のネガティブに捉われて一生を過ごすか、そこに意味を見出してポジティブに変えて一生を過ごすか。

私はよく周りから「やりたいことがやれていいよね」「そんな時間があっていいよね」と言われます。今回の再チャレンジもそうです。ですが、私は今まで自分の思うようにやりたいことだけを優先して生きてきたか、というとそうではありません。サンディエゴへの移住などは、何の保証もない、大きな賭けともいうべき決断でした。ですが、その時私のなかにはネガティブなことだけではなく、心のどこかにワクワクするような部分があったのだと思います。留学していたサンフランシスコでは帰りたくないという思いがあって、それが私の心の奥深くにまだ残っていたのではないかとも思います。

よく、家族が……職場で……など、それらをやりたいことがやれない理由に使っている人が多い気がします。確かに家族も仕事も大切なものです。しかし、捉われ過ぎることによってモヤモヤしてくるのです。そうではなく、自分がやりたいこと、ワクワクすること、これらをまず考えて、やれないことはないはずだ、と考えてみます。すると不思議といい方法が浮かんできたりします。

ただし、やりたいことをやる前に私はいくつかある指針から外れていないかを考えます。まず、その自分がやりたいと思っていることは本当にやりたいことなのか、そして、それは人のためになるのか。そう考えていくことで、やれない理由を打ち消していくことができれば、それはやる価値があることなのだと思います。

人には言えないような過去があったとしても、そこに意味付けをすることで、後悔をしなくて済むようになると、私は思います。そうすると、今の自分に一生懸命になれる、自信が少しだけ持てる。

今を懸命に生きていないと過去は後悔、未来は不安や恐怖になります。いかにそれらを打ち消して「今を生きる」ことができるか、それが大切なのではないかと思うのです。

人には言えない過去も
そこに意味付けをすることで
後悔が消えていく。

言葉の持つ力

あなたは普段どのような言葉を口にしているか意識したことはありますか？

「もう疲れた」

「何で私がこんな目に遭わなくてはならないの」

「ほんとにあの人ったら……」

「今日も嫌な上司と働かなきゃいけないってもう嫌だ」

「あいつは絶対に許せない」

「なんでこんな貧乏な家に生まれてきたんだろう」

「こんな人生ってもう嫌」

このようなネガティブな言葉を多く口にしていませんか？　口にはしていなくても心の

なかで思っていませんか？　不平、不満、嘆き悲しみ、妬み恨み……これらの言葉はあなたを駄目にしてしまいます。また、

『ああ、すっきりした』

『ざまーみろ』

『これで少しは落ち込んでくれるだろう』

と人を批判した後に、あなたがこのような感情を持っているとしたら、注意してください。

この気持ちいい感情を繰り返したいがために、人の欠点ばかり見るようになり、批判を繰り返すようになるでしょう。なんと恐ろしい……。よく考えもせず、人の短所をあげつらい批判することは、相手の長所を褒めることよりもたやすい。思ったようにいかない状況下で、その原因を他人のせいにすることは、自分が達成したことは何か、を考えるより楽です。

あなたがもし自分の人生を変えたい、運を引き寄せたいというのであれば口にしている言葉をまずポジティブなものにしてみてください。言葉を変えることで行動が変わり、行動が変わることで習慣が変わり、習慣が変わることで性格が変わり、性格が変わることで

あなたの運命が変わります。

言葉の力は、あなたが思っているよりも強く大きい。もっともっと周りの人の良いところを発見し、それらを口にして相手を伸ばしていける人を目指すことで自分自身の運命が変わっていきます。それを私自身が実感しています。

ポジティブな言葉を口にすることで他人を幸福にして、そして、あなた自身の運をも引きつけることができます。

そうすることで、批判していた時よりももっと気持ちいい感情を得ることができ、あなたの周りには豊かなコミュニティーができているはずです。

自分の人生を変えたい
運を引き寄せたいのであれば
ポジティブな言葉を口にする。
他人にも自分にも。

自分を褒めて、自分を好きになる

私がクライアントさんとお話をしているなかで、

「あなたは近頃、自分を褒めたことはありますか？」

と尋ねると、ほぼ皆さん返答に詰まってしまうケースがほとんどです。

「えっ、自分を褒めるってどういうことですか？」

と聞き返されることもよくあります。

物事に失敗すれば反省点を見つけ出して、次に活かしていくことはもちろん大切なことです。しかし、多くの人は反省点どころか自分の駄目なところにのみ焦点を合わせていきます。そうすると自分が嫌になり、自分を嫌いになってしまいます。劣等感にさいなまれ、ネガティブなスパイラルに入ってしまう。かつての私がそうでした。一方、自分を褒め続けていると、自分のことが好きになります。

自分を愛すること、このことが他人との人間関係を良好にするうえで非常に大切になってきます。豊かな人間関係を送るには相手の考えや思いを尊重することが不可欠です。自分の心にゆとりがなければ、相手のことを思いやるなどできません。自分のことを大切にして愛せるようになってはじめて、無理なく相手のことを尊重できるようになるのです。自分を愛することが他人を愛するための原動力になるとも言えるかもしれません。

相手が私を愛してくれないと悩んでいる人は、自分を愛しているか、自分を大切にしているか、自分を振り返ってみましょう。愛してくれない相手を責め、心に余裕がなくなってはいませんか?

相手に対して不満を持っているあなたの顔は引きつってはいませんか?どうぞ、そんな時だからこそ、自分を褒め、自分を愛して、鏡の前で笑ってみた後に、相手のことを考えてみましょう。そうすることで何か人間関係を良くする糸口が見えてくるかもしれません。

では、どうしたら自分を褒められるようになるのでしょうか。

ここで大切なことは、自分を褒めるために特別に良いことをしなければならないという考えを捨てることです。いつも何気なくやっている小さなことに意識をおき、それらについて自分を褒めるのです。

近所の人に「おはようございます」と挨拶ができた。電車で席を譲った。エレベーターで人が降りるまで「開」のボタンを押してあげた。どうしているか気になっていた友だちにメールを送ってみた。何でも良いのです。

夜ベッドに入って1日を振り返る時間を作り、そのなかで、今日、自分がした日常のことを思い出してください。そして、さらに明日も人に喜ばれることをしようと心に言い聞かせて眠ってください。眠りにつく前に、自分を幸せな気持ちにさせることで翌朝も幸せな気持ちになり、今までと違った人生を送れるようになります。

簡単なことですから、ぜひあなたもやってみてください。

いつも何気なくやっている
小さなことに意識をおき
それらについて自分を褒める。

モンキーブレインとスーパーブレインで心の筋トレ

心の筋トレの話をしましょう。「えっ、心には筋肉なんかないよ」という突っ込みが入りそうですが……。

腹筋を鍛える際はじめからワンセット100回200回のトレーニングができる人はいないでしょう。10回やって、苦しくなってやめてしまう人もいるでしょう。しかし、継続してやっていくと10回を軽くこなすことができるようになり、20回、30回と増やしていけるようになるものです。

そのうちにワンセットで100回できるようになり、それを何セットもこなし、それを習慣にすると立派なシックスパックの腹筋を手にすることができます。

私がトライアスロンに出場するためにトレーニングを始めた時も同じでした。水泳をやって、自転車を漕ぎ、そして走る。続けてはやれませんでした。特に、自転車を漕いだ後に走ろうとすると足が前に出ません。その日はたった2キロのランニングにも関わらずです。途中で歩いてしまいました。

ただ走るだけなら2キロはなんてことないですし、あっという間に走り終えることができます。そんな短い距離だったら簡単だと思っていた私の考えは、あっさりと砕かれてしまいました。はじめてマラソンとトライアスロンの違いを認識した瞬間でもあります。

心も同じではないでしょうか。意識してトレーニングを始め、それを継続し習慣化することで強くなれると思うのです。

心の筋トレをする時には、まず頭のなかに2人のあなたを置きます。1人目のあなたは今までと同じように落ち込んだり、悲しくなったり、相手を恨んだりするモンキーブレインのあなたです。2人目のあなたは、心の筋トレのトレーナーであるスーパーブレインのあなたです。感情的になっているあなたを客観的に見て、今のこの状況には何か意味があるのではないか、どうしたらこの感情をコントロールできるか、相手の立場に立って現状を見てみようとするあなたです。

最初はなかなかうまくいかないでしょう。モンキーブレインのあなたが強く、そうは言ってもあんな上司は許せない、きかない子どもに言うことをきかせたい、優しくしてくれない彼には嫌気がさした……などついつい思ってしまいます。

それでも良いのです。スーパーブレインのあなたを意識していることが大切です。そのうちにスーパーブレインのあなたが強くなっていきます。

とは言え、そう簡単には抜け出せない苦しみや不安、悲しみに襲われる時があります。私がニュースキャスターの辛坊さんと太平洋横断の挑戦をして、失敗したのが２０１３年の6月のことになります。５メートルの波と15メートルの風のなか、救命イカダで10時間過ごしたことはトラウマになりました。海は怖いという恐怖感でいっぱいでした。その後、半年の間セーリングに誘われても、私の夢だった太平洋横断が失敗に終わった悲しみと、多くの方々にご迷惑をおかけしたという思いからくる苦しみのために、海に出ることができませんでした。

これらの悲しみや苦しみは半年間という時間を過ごしていくうちに次第に、しかし確実に薄れていきました。皆さんが今抱えている悲しみや苦しみも感情に入り込んでしまうと、スーパーブレインをもってしても、なかなかそこから這い出ることは難しいと思います。

変われない自分をさらに責めたりしてはいませんか？

責める必要はありません。駄目でマイナスな自分にも存在意義があります。すべての人のいい時も悪い時もそれぞれ役割や意味があるのだと私は思います。その経験を将来プラスにすれば良いのです。時間が経てば、あんな苦しい、あんな悲しい時があったからこそ、今の自分があるのだと思えるようになります。時間が解決してくれます。このことを信じて、ひと休みひと休み、ゆっくりと時間をかけて、あなたの辛い状況を乗り越えてください。

一気に大きな負荷をかけないでください。焦る必要はありません。腹筋のトレーニングのことを思い出してください。トレーニングを習慣化することによって心も体も強くなり、今までとは違った人生を送れるようになるでしょう。

大丈夫、そのままのあなたを受け入れてください。

辛い時も苦しい時も自分を責めずに
休みながら、ゆっくりと時間をかけて
スーパーブレインが勝つのを待ちましょう。
その時は必ず来ます。

第七章 見えない私が見た景色

世界一の幸せ者

2019年4月20日、太平洋横断に成功しました。
航海を終えて思うことは、

「ありがとうございます」

とにかく、この一言に尽きます。
ダグという最強の素晴らしいパートナーに出会えたこと。
地上で多くの友人・知人たちが私に知恵を授け、動いてくださっていたこと。
安全にゴールできるようにとたくさんの方々が祈りながら応援してくださったこと。

再チャレンジに快く協力をしてくださった企業の方々。

そして、私とダグを様々な角度から支えてくれたそれぞれの家族――。

感謝の気持ちが溢れます。自分は世界一幸せ者だとさえ思えてきます。


このリベンジの始まりは、共通の友人を通じて、心を動かされたダグが私にメールを送ってきてくれたことからでした。

「ヒロの話を聞いて感動した。ぜひ再チャレンジを一緒にやろう。東京（日本）に来る時には連絡をしてほしい」

このメールをもらったのが、２０１６年11月のことです。その翌月の12月にちょうど東京での講演会が入っていたので、帰国した際にランチをしながら彼と話をしたのが初めての出会いでした。

数か月後、ダグが日本から私の住むサンディエゴまで来てくれました。ヨットブローカーに太平洋横断に適した船を紹介してもらい、すぐに購入して私たちのプロジェクトが始まりました。私がサンディエゴに住んでいるため、トレーニングウィークになると毎回、彼は飛行機でサンディエゴまで来て、私と一緒に航海を成功させることになるドリームウウィーバーでの訓練を積み重ねてくれました。本当に有難い配慮でした。

それから約2年、彼は私を気遣いながら、その上で、ヨットオーナーとしてドリームウィーバーの整備、新たな航海機器の設置なども行っていました。本当に頭の下がる思いです。さらには、セーリングスクールに通い、外洋経験を積み、スキルアップに努力してくれたため、サンディエゴを出航する2019年2月24日には、安心してリベンジのスタートラインに立てました。


ダグがチャレンジへの情熱を持ち、これまでの人生でいくつかの冒険をしてきていたとしても、奥さんの尚美さんの理解がなければ今回のチャレンジは実現できません。かつてないほど壮大で、トラブルがあれば命を失う危険性も高いチャレンジをサポートすることは、尚美さんにとっても大きな決断だったに違いないのです。にもかかわらず、感謝しても感謝しきれないほどのサポートをしていただきました。

私の家族はといえばやはり、出航に向けてサンディエゴのアパートを出る前に娘としたハグは忘れられません。娘からのハグがいつもよりもぎゅーーーーっと長く、力強く感じられました。その時、彼女が心配していることを感じ、『絶対に生きて帰る』と強く心に誓ったことを覚えています。そして、積極的には賛成ではなかったものの、最終的には再チャレンジに理解を示してくれた家内にも感謝しかありません。

そして、ドリームウィーバー。

私がヨットは生き物であるといっても信じてくれる人は、ほんの一握りにすぎないでしょう。それでも、日本文化の中には「すべてのものには魂が宿っている」という考え方があります。物を大切にし、使えなくなったものを供養する習慣は今でも残っています。

波と風が強くなると船内では波がぶつかる音や、風がピューピュー吹く音でものすごい大きな音がします。このまま壊れてしまうのではないかとさえ思うくらいです。そんな時、『痛いだろうね、もう少し頑張ってね、私たちの命を守ってくれてありがとう』と声をかけます。

2019年4月5日の夜のことです。低気圧に入り海は荒れていました。その時もドリームウィーバーに「ありがとう、ありがとう、ありがとう」といいながら瞑想をおこない、彼女からのフィードバックを待っていました。

すると突然、私はそれまでに経験したことのないマストからデッキに伝わってくるバイブレーション（振動）を感じたのです。これは彼女からの悲鳴だと感じ、ドリームウィーバーにとって負担の少ない方向に舵を切りました。すると、痛みが軽くなったのか、彼女は快適に走り始めました。

ヨットを単なるモノとしてしか捉えず、早く到着したいからといって馬車馬のようにヨットのスピードを上げて嵐の中を走らせていたのであれば、マストを折ったりセールを破いたりして、福島には到着していなかったことでしょう。

これらに加え、心の中に湧いてきた感謝——それは「見えないものへの感謝」でした。2度目の成功をより大きなものにするために、1度苦難を与え、今回安全に福島に導いてくださった何か。生かされていることは奇跡である、ありがたいことである、それを自覚するために、私とダグはあの感動の瞬間を与えられたのだと信じています。

揺れないベッドで寝られること、暖かいシャワーを浴びられること、必要なものがすぐ手に入れられること…。私たちは、「当たり前をありがとうに変える」と人生は幸せになるということを実感したのです。すべてに、「ありがとうございます」。

人は一人では生きられない
すべての人に、すべての事象に
感謝の心を

勇気をくれた一枚の黄色いハンカチ

航海中、船内のナビゲーションデスクの前には、黄色いハンカチが飾られていました。そのハンカチは、小名浜港の港長さんからいただいたもので、サンディエゴを出航する前に挨拶に伺った時、これをデザインした少女についてのお話を聞いたのです。ダグと二人でそのエピソードに感銘を受け、彼女と一緒に太平洋を渡りたい、そして、成功した暁には彼女のご家族に、共に太平洋を渡ったそのハンカチを渡したいと思いました。

彼女の名前は鈴木姫花《ひめか》さん。

彼女は２０１１年東日本大震災の津波の被害に遭い、わずか10歳で命を落としました。

生前、デザイナーになる夢を持ち、多くの絵を描いていたそうです。その中の一枚が、地元の塩屋埼灯台に描かれたカラフルな絵（だそう）で、コンクールでも入賞をしていました。

津波の被害で悲嘆にくれる姫花さんのご両親は、娘の生きた証しを残したいという思いから、その絵をハンカチにすることに決めたそうです。

航海中、私たちは何度もこのハンカチに助けられました。

特に荒れた天候、強風、ドリームウィーバーが横倒しになり、6mもの高波にたたきつけられると恐怖と不安に襲われます。そんなふっとした瞬間にハンカチが触れると、姫花さんから「あの灯台に向かって頑張って」というメッセージが送られてくるように思え、踏ん張ることができたのです。

福島に無事到着した後、姫花さんのご家族とお会いし、お父様に感謝と共にハンカチをお渡しすることができました。その時、ご家族はじめ津波の被害に遭われた方々がいまだ苦悩し、悲しみを背負われていることを知り、涙が止まりませんでした。

お父様がお話ししてくださったのは、東日本大震災は2011年ですが、2017年くらいまでは砂浜に降りるのも嫌でできなかったということでした。砂浜だったり、水に触れると娘さんの冷たさや、そこにいたんだろうなというのが自分に伝わってきてしまう気がして……と。

その家庭には他にもお子さんがいらっしゃいます。次男は震災の2週間前に生まれたそうなのですが、そのお子さんが海辺を散歩をしている時に砂浜にぱーっと出てしまった、その時に『あっ』と一瞬躊躇されたものの、結局それが砂浜へ降りるきっかけになったとのことでした。

誰かが引っ張っていってくれないとなかなか前に進めないという人がいる、今回の私たちのチャレンジがまた誰かを導いてくれるきっかけになってくれたら……とその時、姫花さんのお父様はおっしゃられていました。（NHKBS1スペシャル「光さす海へ」に収録）

ダグと出会って、太平洋横断の再チャレンジを計画するうえで、到着地をどこにするかには色々な意見がありました。

福島しかない――。

2013年の辛坊さんとのチャレンジの時には、津波を経験して海は怖いと思っている人たちに「海は今も君たちを待っているよ、海にもう一度出てみよう」というメッセージを送りたいとの思いがありました。それで2艇のディンギーを寄付させていただいたにもかかわらず、失敗に終わりました。勇気どころかもっと大きな恐怖を与えてしまったという悔恨の思いがあったからです。

このままにしていてはいけない、1度海の怖さを知ったからこそ次は成功させて、より勇気を与えるメッセージにしたいという思いが湧いてきたのです。

小名浜港に着岸し再チャレンジに成功した後、私が寄付させていただいたディンギー420に乗って、高校生とセーリングする機会も得ることができました。

今回のチャレンジの目標をゆるぎなく福島にできたことに、改めて心から感謝の気持ちがわいてきたのでした。

誰かに、何かに、導かれて、
誰かの、何かの、思いを知る。
それが勇気につながる。

心を磨くスポンジとトイレ掃除

それは航海をはじめてから8日目に起こりました。

食事を終えてしばらく休んだ後、片付けを始めました。食器を洗うためにヨットのタンクの水を使うことはできません。限られた水は貴重だからです。

バケツにロープを結び付けて海に投げ込み、海水をくみ上げて食器を洗いました。洗剤を付けて洗った後、食器とスポンジを外に出し、バケツの中の水を捨てて再度水をくみ上げてすすぎます。

その時、新しい海水をくみ上げて、コックピットの床に置いていたはずのスポンジを探しましたが見つからないのです。見えていればすぐに広い範囲を確認できますが、見えない場合は手で触って探さなければなりません。横に、縦に、斜めにと、両手を動かしながら探しましたが、何度探してもスポンジは見つかりません。目が見えないと、ちょっと物を探すのすら時間がかかってしまいます。

これはダグに聞くしかないと思い、休憩していた彼を呼んで、探してもらいましたが、スポンジは見つかりませんでした。

『あっ、しまった！』私はスポンジをバケツに入れたまま海水と一緒に捨ててしまったのでしょう。

目が見えていれば、当然スポンジがバケツの中にあることに気づいたはずです。しかし目の見えない私は手で確認しなかったため、大切なスポンジを失ってしまいました。

私は、世界初の大きなチャレンジをさせてもらえている一方で、スポンジにすら気づけないという見えない自分にジレンマを感じ、落ち込みました。

もう日本に到着するまでスポンジを手に入れることができません。地上にいると、欲しいものがあればインターネットで注文し、次の日には届きます。しかし、太平洋の真ん中にいるとそうはいきません。

この経験により、スポンジは失いましたが、物のありがたみと注意深く行動することの重要性を学びました。

私は今回の航海に際し、メンタルを強くするために、どんな状況でも現象をポジティブに捉えて、日々を過ごそうと決心していました。

そのためのルーティンとして決めたのが、船首のデッキで時間があれば「ありがとう」メディテーション（瞑想）をすることと、海が荒れてヨットが海にたたきつけられて危険だと思う日以外には、ほぼ毎日トイレ掃除をすることです。

掃除では、まず便器をたわしで丁寧に磨き、汚れを取り除きます。少しでも汚れが残っているとバクテリアで分解され、船内の悪臭の原因となるからです。船内は狭いため逃げ場がありません。だからこそ、便器を清潔に保つことが重要なのです。その後は、床をウエットティッシュで清掃しました。風呂も脱衣所もないヨットではトイレで体を拭きます。汚い話で恐縮ですが、毎日シャワーを浴びている地上の世界では考えられないほどの垢が、体から落ちるのです。

さらに、海が荒れて掃除ができない日が二日三日続くと、床に汚れや髪の毛がたまってしまいます。そのため、トイレだけでなく船内の床掃除も心掛けました。

なぜなら、掃除は船内を清潔に保つだけでなく、精神的な安定にも役立つことを知っていたからです。集中して便器を磨いたり、床を拭いたりすることで、過去の出来事や将来の不安から解放され、心が安定してくることに気づいたのです。

調べてみるとそれだけではありませんでした。掃除には様々な心理的効果や脳を活性化させる効果があるといわれています。興味のある方はぜひ実践されてみてはどうでしょうか。

転んでもただでは起きない。
失敗からの学びにこそ、
人としての伸びしろがある。

思いがけない困難の連続

ドリームウィーバーには冷蔵庫があるといっても、太平洋航海中はただの箱に過ぎません。出航後は冷蔵庫の電力を節約するために電源を切らざるを得ませんから、野菜や果物を食べられる日数には限りがあります。幸いなことに、気温がそこまで上がらなかったため、最初の10日間くらいは野菜や果物を食べることができました。

その後の食事は、朝ごはんには缶詰のマフィンとスタバのスティックコーヒー、昼食にはカップラーメン、夕食にはフリーズドライ食品、ご飯が欲しい時にはアルファー米が主なメニューでした。

時には夜遅くの見張りを交代した後に、4回目の食事を取ることもありました。

穏やかな早朝には、コックピットの後ろの椅子に座って朝日が昇るのを感じながら、暖かいコーヒーを飲むのが至福の時でした。

２０１３年の辛坊さんとの航海の時には、食事が唯一の楽しみだったので、より美味しい料理を作る方法を比企さんに聞いていました。

トレーニングの時に作って食べた釜めしやフライパンで作ったスパゲティ、雑炊等は本当に美味しかったのを覚えています。海上での食事は太平洋、大西洋を横断された比企さんからのアイディアです。水とガスを使わないでいかに美味しいものを作るか、この知恵には頭が下がります。

例えば、スパゲティは普通、大鍋にたくさんの水を入れて茹でるのですが、それだと水とガスがすぐになくなってしまいます。そこで、スパゲティを半分の長さに折ってフライパンに入れ、麺が浸る程度の水を入れふやかします。その後一度沸騰させ、さらに火を弱めて水が蒸発するのを待ち、水がほぼなくなったところでスパゲティソースをかけます。すると固めのスパゲティが完成し、これが本当においしいのです。

ですが、今回は調理と後片付けにかかる時間と手間を最小限にし、お湯さえ沸かせれば食事ができることをコンセプトにしていました。

ところが、日本が近づくにつれて天候が荒れるようになると、お湯さえ沸かせなくなります。ガス台に置いたやかんが飛んでしまうくらい、船がたたかれ揺れるからです。必然的に煎餅と水だけでしのぐ日々が多くなりました。悪天候で気持ちが落ち込む中、唯一の楽しみの食事が奪われるのは本当に辛かったです。航海はまさしく冒険の連続であり、厳しい条件下での生活や食事は体力的にも精神的にも困難を極めました。

しかし、だからこそ、その中で感じた至福の瞬間は一生の思い出として、克服した困難は自信やチャレンジ精神として心に刻まれています。

夢を追いかけるヨットの上での経験は、限界を超える力や創意工夫を養い、自分自身を知る貴重な機会となりました。辛い時も楽しい時も含め、この航海が私の人生において大きな意味を持つことは間違いありません。そう、すべてに意味があったのです。

人生も航海も冒険の連続――。
至福の瞬間は思い出となり、
克服した困難は自信とチャレンジ精神となる。

縁の下のセールとキール

航海中、風が強くなりドリームウィーバーが斜めになるたびに、感じることがありました。ヨットの底にはキール（船底の中心部にある船首から船尾まで縦に通っている船の背骨ともいうべき重要な部材）という重りがあるために転覆せずに済んでいるということです。

風に向かって進む時には斜め45度以上横倒しになることもあります。船内を移動する時にはどこかにつかまっていなければ立っていることができません。トイレをする時には、両手が使えずセーリングウエアの上げ下ろしだけで時間がかかります。

食事をする時にも皿やカップを置くと滑り落ちてしまうので、常に手で持ったり太ももではさんだりして支えておかなければなりません。

斜めの状態で行うこれら一つ一つのタスクには、地上では考えられないくらいのエネルギーが必要で、非常に疲れます。

しかし、ヨットがこれだけ斜めになってもひっくり返らないのは、見えない船底で頑張ってくれているキールがあるからです。

ヨットといえば、マストに沿って高々と掲げられたメインセールが印象的な光景でしょう。縁の下の力持ちとして働いてくれているキールの存在など、イメージさえできない人がほとんどだと思います。メインセールは風を受けて進む力を与える役割を果たし、キールは船体を安定させる役割を果たします。ヨットが倒れようとしても、キールが起き上がりこぼしのように起こしてくれるのです。ヨットにとっては、どちらも必要不可欠なものです。

人間も同じだと思うのです。どんな人であっても、どんな職業に就いていても、それぞれが重要で必要とされる存在なのではないでしょうか。たとえ目立たないところで働いていたとしても、その役割は重要なのです。むしろそういった仕事や役割のほうが多いかもしれません。

この太平洋横断では、私が表に出てメインセールのように皆さんから注目されていましたが、見えないところで多くの方々がキールのように尽力してくれていました。彼らの存在がなければこのプロジェクトは沈没し、サンディエゴを出航することすらできなかったでしょう。数えきれないほどの人たちが私の夢を支えてくれていたのだなと思うと胸が熱くなります。

たまたま、太平洋横断では表舞台での活動でしたが、見えないところで活動する仕事ももちろん嫌いではありません。その時には、太平洋横断を支えてくれた人たちのことを思い出し、精一杯縁の下の力持ちをやり切ろうと思っています。

表であろうと裏であろうと
目立っていようとなかろうと
その存在は肝心要、唯一無二。

あの頃のように笑顔で

船上での生活で、時折私は自分が赤ちゃんのようだと苦笑いすることがありました。ヨットで前後にデッキを移動する際に、少しでも波が出てくれば四つん這いの姿勢をとり、ハイハイ状態になります。なぜなら、立って移動すると重心が高くなるため、海に投げ出される可能性が大きくなるからです。それを防ぐために、最も重心が安定する赤ちゃんのハイハイと同じ姿勢を取るのです。

また、水は貴重なのでシャワーを浴びることができず、ワイピーという赤ちゃん用のおしり拭き（ウェットティッシュ）を使って体を拭いていました。波や海風を受けていると体はベタベタで、ずっと座っているとおしりもかぶれます。いくら拭いても、シャワーを浴びた時のあのさっぱり感はありません。

四つん這いで移動したり、赤ちゃんのおしり拭きで体を拭きながら、あの頃の自分と今の自分とを比べたことがありました。

私たちは、赤ちゃんの頃は何にでも興味を持ち、触ったり口に入れたりすることで世界を探求していたはずです。それがいつからか色々なものや出来事に対して鈍感になり、臆病になり、冒険よりも安全を選ぶようになります。

幼少期の好奇心を忘れず、世界を探求することに喜びを見出し、新しいものや出来事に対して積極的に行動し、成長し続けることは大人でもできるはずです。

笑顔で周りを明るくしていたあの頃。

いつから、私たちはしかめっ面で、何事に対しても不平不満をいうようになったのでしょうか?

幼少期には何度転んでも立ち上がろうとしたあの頃。

いつから私たちはそのチャレンジ精神を忘れてしまったのでしょうか?

家族を信じ、母親のサポートを受けて手をしっかり握って歩こうとしていたあの頃。

いつから、私たちは人を疑い、自分だけで生きているかのような態度を取るようになったのでしょうか?

私は子どもの頃のように、失敗や困難を恐れず、自分自身に肯定的なイメージを持ち、チャレンジを続けていきたいと改めて強く思いました。そして、人を信じ、人との輪を大切にしていけば、より豊かな人生を送ることができるはずです。

失敗や困難を恐れずチャレンジし続け、
人の輪を大切にしていければ、
きっと人生は素晴らしいものになるはず。

同じ土俵に立たない

航海24日目の3月19日のことでした。波が高くなり風が強まってきていました。ダグはメインセールを小さくするためにマストに行き、セールが巻き取られているかを確認していました。

もっと早めに取り組んでおけば良かったのですが、サンディエゴでのトレーニング中この作業に失敗し、ローラーを折ってしまうという最悪のエラーを経験していました。そのため、同じことを繰り返したくないという気持ちから、私たちは作業を遅らせてしまっていたのです。

海が荒れ、風と波の音がうるさくなると、わずか2・3mしか離れていない場合でも、声が聞こえずにコミュニケーションが取れないことがあります。共同作業を行う際に相手の声が聞こえないという状況は非常に困難であり、危険を伴います。

私はサンディエゴでのトレーニング中にこの問題に気づき、このような状況に備えてトランシーバー付きの帽子を用意していました。これがあれば私たちは会話をすることができます。

ダグの声がスピーカーから聞こえてきて、彼がテンパっているのがわかりました。しかし、その声は大きすぎて音が割れており、何をいっているのか聞き取れません。私はコックピットにいて、セールを巻き取るためのロープをウィンチで引っ張ろうとしていましたが、ロープが硬くてうまくいきませんでした。以前、ローラーを壊してしまった状況と同じだと気づきました。

そのため、私は一度セールを元に戻し、再度巻き直すことを提案していたのですが、ダグはコックピットに早く戻りたいという気持ちが先行して、怒りの感情が頂点に達していました。それは当然といえば当然です。海が荒れ風雨が激しい中での、命綱を付けての作業は、恐怖と焦り、疲労から困難を極めます。

『早く巻け、何をやっているんだ、いつになったら終わるんだ、この馬鹿セールやろう…』

といった感情が彼の中にあふれているようでした。

しかし、私は彼と同じ土俵に立つことは避けなければいけないと考えました。自分も感情的になれば火に油を注ぐようなもので、状況をさらに悪化させるだけです。解決から遠ざかることは理解していました。

『ダグのパニックを軽減するためにはどうすればいいか?』

セールを小さくすることよりもそのことを考えていました。『私がコックピットで行っている行動をダグに正確に伝えることで、彼のイライラを和らげられるのではないか』と思い至ったのです。

そこで、低く落ち着いた声で「ファーリングラインを今ウィンチに巻いています」「ウィンチハンドルを付けています」「グラインドし始めました…」と淡々と行っている作業を伝えていきました。すると、トランシーバー越しにダグが落ち着いてきた様子が伝わってきました。

作業が落ち着いた後、二人で話しながらいつもの優しいダグが戻ってきたのを感じました。

自分の感情や思考を客観的な視点でとらえる力を「メタ認知能力」といいます。誰でも恐怖や不安、焦り…などから感情的になり冷静に考えられなくなることがあります。もちろん、私も例外ではありません。そんな時は感情的になった相手と同じ土俵に立たないこと。自分や周りを客観的にとらえること。

荒れた海を沈めることは我々にはできませんが、その時に自分の意識をどう持つかは選択できます。

航海を通して数多くの困難に立ち向かい、精神的に成長しメンタルを強化できたことを誇りに思います。多くの力が私たちを成功へ導いてくれたのだと改めて感じています。

帰国後、サンディエゴでお世話になったインストラクターのキースに、太平洋横断の成功の報告とお礼を伝えるために食事会を開きました。

その時、彼がいいました。

「お前たちはよくやったな。今だからいうんだけど、航海中に喧嘩してハワイに上陸するのではないかと、実はずっと心配していたんだ」

どんな環境でも、
どんな状況でも、
自分の心の持ち方は
選択できる。

着岸時に消えた深い心の傷

私は海が穏やかで天気が良い日の夕方には、必ず船首のデッキに座り、瞑想していました。そこが一番落ち着く場所で、何よりドリームウィーバーの水を切る音が心地よいのです。日付変更線を超えて、日本に近づくにつれて、その時間がより一層ありがたく思えるようになっていました。

私の実家がある熊本にいる姉は、航海中、私の衛星電話での音声を文字に起こし、日記を書いてくれていました。

私は母や姉を心配させまいと、海がどんなに荒れていても平常心を保って電話をしていたつもりでした。ですが、姉は私の声を敏感に感じ取っていました。大変さを察知した上で、安全に乗り切れるのだろうかという不安や恐怖を抱えながら、母とともに最後まで心配してくれていたようです。姉が私の電話を受けた時の心情について以下の文章を記してくれていました。

「毎朝、ほぼ同じ時間に弟からの電話が鳴る。いつも母と一緒にソワソワしながら待っている。連絡が通常より遅れると、ヨットが沈没したのではないか？　何かトラブルが起きたのではないか？　と航海中の心配は尽きない。私がこのような心情なのだから、母はどれだけの心配をしていることだろう」

低気圧や前線に遭遇し、荒れた状況を乗り越えることができた後の瞑想の時間には、さらに多くの思いが心に湧き上がってきて涙を流すことがあり、自分の感情に驚くこともありました。

それは、目の前の美しい夕日が見えないからでも、故郷の牛深の白浜海水浴場から見た美しい夕日を思い出して、見えていたあの時代に戻りたいという思いでもありません。

今ここに生かされていること、そして再チャレンジをさせてもらえていることへの感謝が強く強く湧き上がってきた結果、流れてきたのは、地上では経験したことのない量の涙だったのです。

福島に着くまであと数日という時に、着岸時のプロセスや役割について、陸にいるスタッフと連絡を取り合いました。その時、私から一つお願いをさせてもらいました。

着岸時のもやい綱を母親にとってほしいということです。

私にとって人生最高の舞台の中心には、母親に立っていてほしかったのです。

なぜなら、船上で夕日を感じながら、目が見えなくなった時の母親との関係を思い出していたからです。

前章でも触れましたが、私は13歳の時から徐々に目が見えなくなっていきました。ただでさえ思春期で親に対して反抗する年頃に見えなくなり、親を特に母親を恨んでいたのです。

視力が弱まっていた私はある日、下りの階段が見えず踏み外し、膝をすりむいてしまいました。それを見て「どうしたんだ?」と聞いてきた母を、私は何も答えず無視しました。

それからしばらくして、母親が使用して歩くようにと白杖を手渡してくれました。母親としては車にひかれたり、海に落ちたりの事故が心配なので、息子の命を守るための親心からの行動です。にもかかわらず、私はそんな思いに気づかず、感情に任せていってはならない一言をいってしまいました。

「なしておいばうんだとな（なぜ俺を産んだんだ）」

母だけではなく、私自身の心をも深く傷つけ、長年ずっと心の奥でうずいていた言葉でした。

だからこそ、一番心配してくれているであろう母親に最高の笑顔を届けたかったのです。スタッフが快諾してくれ、母親を岸壁の一番下に誘導してくれることになりました。

いよいよ小名浜港に入り岸壁に近づくと、多くの人の歓迎の声が聞こえてきました。「よくやった！」「おめでとう！」「ありがとう！」拍手とともに耳に届きます。その中で、「光弘、光弘、はい投げて…」と姉の声が聞こえました。

皆さんへの感謝の気持ちを握りしめ、もやい綱を思いっきり投げました。母親がもやい綱をしっかりと受け止めてクリートに結んでくれました。その瞬間、あの一言をいってしまった時から抱えていた深い心の傷が、すーっと消えていくのを感じました。

航海を終えた私に母は、

「よかった、よかった。皆さんからよーしていただいて。ダグさんのおかげ様、皆さんのおかげ様、ありがたかね。感謝せんばね」

といって、ずっと手を合わせていました。

私も一人の娘を持つ父親となり、親心というものがわかるようになりました。それでも、母の思いや懐の深さには敵わないと思っています。

どんなに時間がたっても
心の傷を癒せる魔法の言葉
ありがとう――。

終わりに［初版時］

目が見えなくなった16歳の頃、こんな人生なんかつまらない、どうしてこの世に生まれてきたんだろうと思っていました。

毎日毎日が見えなくなることへの恐怖と不安で心が張り裂けそうになり、こんな自分なんか死んでしまったほうが良いとさえ考えていました。

どうして自分だけが見えなくならなければいけないんだ、どうしてあの人ではなく自分が……。

このように思う自分がさらに嫌になっていました。

しかし次第に、見えなくなったことには意味があるのではないかと考えられるようになって少しずつ生きる力を得ることができました。

真っ暗だった心に明かりが灯されるようになったのです。

見えないからこそ見えてくるものがあるということに気づき、環境が自分を幸せにしてくれるのではなく、どのような環境にあっても自分の心の持ち方で幸せになれるということを知ることができたのです。

自分自身を愛し、自分自身を信頼し、自分自身にありがとうと言えるようになった時、人生が180度転換しました。

多くのドリームサポーターに支えられて不可能を可能にできるチャンスを得ることができるようになり、いろいろなことにチャレンジしてきました。

そして、挑戦した辛坊さんとのヨットでの太平洋横断、鯨との衝突により夢を途中で断念せざるを得ませんでした。

再度、山から谷へ突き落とされました。

全盲の者が太平洋横断に挑戦するとは無茶過ぎる、辛坊は自分の夢実現のためにブラインドのHiroを使った、24時間テレビのためにヨットに問題があったにも関わらず福島の小名浜港を出港した、……とバッシングは続きました。

しばらくの間、自分さえこのような夢を描かなければ……、とうつ状態になっていました。

サンディエゴのヨット仲間からセーリングに誘われても行く気が全くしない時期が半年ほど続きました。

その後、失敗は成功を100倍にも1000倍にもしてくれるために存在するのだということを信じ、太平洋横断の再チャレンジをやりたいと公言し始めました。

そこで新たなドリームサポーターのダグラス・スミスと出会うことができたのです。

2019年2月24日、サンディエゴを出港して福島を目指してノンストップで太平洋横断に挑戦します。


どんなに辛いことがあっても、上を向いて歩いていればやがて楽しい時がやって来ること、明るい朝が来ない夜などないこと、暗い夜だからこそ美しい星を見られることをこの本を開いてくださっている皆さんに、私の実体験からお伝えできることに感謝します。

皆さんのなかには、過去に、いや過去ではなく今現在苦しんでいる人たちが大勢いることでしょう。

幸運にも、今までそのような経験をしたことがない人でもこれから生きていくうえで1度や2度苦しい時期を迎える時が来るかもしれません。

そのような時、もう自分なんか駄目だと思った時、この本を読んだことを思い出し、一歩を踏み出す勇気と両手に握りこぶしを作って青空に突き上げる力を得ていただければ、この本を書かせていただいた者としてこれ以上の喜びはありません。

感謝

2019年1月　岩本光弘

謝辞

ここに私が生かされているのは多くの人たちのお陰と感謝しています。特に、目が全く見えない私がカリフォルニアの地で暮らし、世界中の多くの国に白杖ひとつ単独で訪れ、いろいろなことにチャレンジできているのは多くの人の支えがあるからです。文字数の関係でここでは以下の人に代表としてお礼を伝えさせていただきます。（順不同）

私の講演を聞き出版を決断してくださったユサブル社長の松本さん、松本さんをご紹介いただいたスピードブランディングの鳥居さん、ＳＮＳやブログにアップされた私の文章を収集し、加筆し構成、編集してくださった須田さん、２０１３年に、私の夢を聞き、太平洋横断に一緒に挑戦していただいた辛坊さん、その時からずっとセーリングを教えていただだいている比企さん、２０１９年に再チャレンジを一緒にやっていただくDougさん、チャリティーマラソンでガイドを快くやっていただいた元大リーガーの大塚さん、私のサポートチームSee What I Seaの代表をやっていただいている浜田さん、フルアイアンマントライアスロンで14時間以上ガイドしていただいたGregさん、東南アジアで私のことを広めていただいているIrwanさん、私を生み育ててくれた、また失明時にじっと見守り、いろんな方法で自信をつけさせてくれた両親と兄弟、私を子どものようにかわいがり、失明した時メッセージを送ってくれた亡き塩田の弘太郎伯父さん、いつもそばにいて励まし、不安になりながらも私の挑戦を応援してくれている家内のKarenと娘のLeenaに心からの感謝をお伝えし、タイプする手を止めさせていただきます。

皆さん、本当にありがとうございます。

２０１９年1月　岩本光弘

改訂増補版あとがき

この本を手にしていただき、貴重な時間を使って読んでいただきありがとうございます。

2度目の挑戦のあと、

「全盲として世界で初めて太平洋横断に成功して人生変わったでしょう」

とよく言われますが、実際にはそうではありません。

未だに、歩道に止まっている障害物にぶつかり腹を立てたり、夕食にピザやパスタが続くと和食にしてほしいと思ったり、ヨットレースの日に雨が降ると心がブルーになったり
…、少しも変わっていません。

ただ一つ変わったと言えるのは、「ありがとう」の力を体験し、その力が人生を180

度変えることを強く信じられるようになったことです。

55日間の太平洋横断中、福島に着岸して一番やりたかったことはシャワーを浴びることです。シャワーを浴びられるということがいかに有難いかを身をもって知りました。シャワーだけでなく、日常では当たり前のこと――夜寝ていて右へ左へと転がされるとき、揺れないベッドで眠れることがいかに有難いことか、テーブルに置いたスープが斜めになり膝にこぼれ「熱っ」とした瞬間、こぼれない平らなテーブルで食事できることがいかに有難いことか、インターネットで必要なものが手に入ることがいかに有難いことか感じられるようになりました。

当たり前のことを「ありがとう」に変換できるようになる時、人生が好転することを私は2015年8月15日に始めた「ありがとうフルネス」（ありがたいことを心に思い浮かべながら行うメディテーション）集会の中で、参加者からの発表を通して強く信じられるようになりました。さらに高いレベルの「ありがとう」は、困難や苦難に対して感じる「ありがとう」です。

私は見えなくなっていく時母親を恨み、またクジラと衝突しバッシングを受けている時、クジラを憎んでいました。

しかし、見えなくなったことや、クジラがぶつかってきたことに意味があると考えられるようになり、今では全盲であることに『ありがとう』と思えるようになり、「太平洋とはそんなに狭いかい」と悪態をついていたクジラに対しても「ありがとう」と言えるようにまでなりました。

太平洋横断の着岸時には元気で、もやい綱を取ってくれた母親は2021年10月12日天国へ旅立ちました。私の目が見えなくなった時、「なんで俺を産んだんだ」といった私が、2020年の私の誕生日である12月27日、ベッドで横たわる母親に寄り添い、手をぎゅっと握りながら、心の底から「産んでくれてありがとう」と言うことができました。

絶望に意味づけできるようになる時、憎しみは「ありがとう」に変わり、暗闇の中に希望の光が差すということこそ、本書を通して私が皆さんにもっとも伝えたいことです。

一人でも多くの読者の皆さんが、「ありがとう」を通して心にキャンドルライトを灯すことができ、その光が世界を明るく照らす光へとなってくれたら、著者としてこれ以上の喜びはありません。

最後に、改訂増補版出版にあたり太平洋横断の再チャレンジについての文章を追加しましょうと言ってくださったユサブルの松本社長、私のつたない文章を読者の人にわかりやすいように構成していただいた須田さんに心から感謝申し上げます。

ありがとうございました。

２０２３年12月　岩本光弘

ブックデザイン　星野ゆきお＋関 善之＋村田慧太朗 VOLARE inc.
DTP　有限会社タダ工房
執筆協力　須田とも子
表紙題字　岩本里恵

岩本光弘～いわもとみつひろ～
1966年熊本県生まれ。幼少期は弱視だったが16歳で全盲となる。
教員になるため筑波大学理療科教員養成施設に進学し、
在学中アメリカ・サンフランシスコ州立大学に留学する。
筑波大学附属盲学校鍼灸手技療法科で14年間教員として勤務。
その傍らヨットを趣味とするようになる。
2006年アメリカ・サンディエゴに移住。
2013年には辛坊治郎氏とヨットにて太平洋横断に挑戦するも、
トラブルが発生し断念。2019年、全盲者として世界初の、
ヨット太平洋横断に成功。
現在、指鍼術セラピスト、ライフコーチ、
タフメンタルトレーナーとして日米で活躍中。

岩本光弘公式ホームページ
http://hiroiwamoto.com

改訂増補版
見えないからこそ見えた光
絶望を希望に変える生き方

2024年2月7日初版第一刷発行

著　者　岩本光弘
発行人　松本卓也
発行所　株式会社ユサブル
〒103-0014東京都中央区日本橋蛎殻町2-13-5美濃友ビル3F
電話　03(3527)3669
ユサブルホームページ　http://yusabul.com
印刷所　株式会社光邦

ISBN978-4-909249-56-2

定価はカバーに表示してあります。
落丁・乱丁はお手数ですが、当社までお問い合わせ下さい。

YUSABUL

●ユサブルの好評既刊

「死」が教えてくれた

幸せの本質

二千人を看取った医師から不安や後悔を抱えている人へのメッセージ

船戸崇史著

四六判並製　本体1400円+税　ISBN978-4-909249-43-2

二千人を看取った経験から見えてきた人の「幸せの本質」とは?　10人いれば10人の生きざまがある。しかし、共通するのは、今この一瞬をいかに大切に生きることが重要かを悟ること。涙が止まらない、そして生きる活力がわいてくる1冊。

心の絶対法則

なぜ「思考」が病気をつくり出すのか?

内海聡著

四六判上製　定価本体2500円+税　ISBN978-4-909249-33-3

人には様々な負の感情がある。「トラウマ・ジレンマ」「支配欲」「反動」「依存」「被害者意識」など。医師である著者が、これらの感情が不幸な環境を生み出し、さらには肉体に影響を及ぼして病気をつくり出す構造を解き明かす。

生きとってもしゃーないと、つぶやく96歳のばあちゃんを

大笑いさせたお医者さん

患者と家族の心をよみがえらせる医療

中　大輔著

四六判並製　定価本体1600円+税　ISBN978-4-909249-55-5

岐阜のあるクリニックを取材した医療ドキュメント。自分の体が動かなくなったら、がんにかかってしまったらどんな医療を受けてみたいか?　本書に登場する船戸崇史医師が実践する「サポーターとしての医療」を通じて、医療とは何かを問いかける1冊。